Hochschulwesen
Wissenschaft und Praxis

HSW

Qualitätssorge in der Lehre

Hochschulwesen
Wissenschaft und Praxis

HSW

J. Willems/W. Gijselaers/D. de Bie

Qualitätssorge in der Lehre

Leitfaden für die studentische Lehrevaluation

Übersetzt und herausgegeben von R. Richter

Luchterhand

Die Deutsche Bibliothek – CIP-Einheitsaufnahme

Qualitätssorge in der Lehre :
Leitfaden für die studentische Lehrevaluation / Roland Richter. –
Neuwied ; Kriftel ; Berlin ; Luchterhand, 1994
(Hochschulwesen)
ISBN 3-472-02120-9
NE: Richter, Roland [Hrsg.]

Der Originaltitel der niederländischen Ausgabe »Kwaliteitszorg door studenten. Gids voor onderwijsevaluatie.« ist im Verlag Wolters-Noordhoff, Groningen (Niederlande) 1992, erschienen.
Satz: Computersatz Dirk Pfaff, Hennef
Umschlaggestaltung: Reckels, Schneider-Reckels & Weber, Wiesbaden
Druck: Neuwieder Verlagsgesellschaft mbH, Neuwied
Printed in Germany, November 1994

Inhalt

Vorwort VII

Einleitung XIII

1. Die Studierenden und die Qualität der Lehre 1

1.1 Qualitätssorge als Problem 1
1.2 Das Interesse von Studierenden an guter Lehre 5
1.3 Was ist gute Lehre? 7
1.4 Welche Beiträge können Studierende zur Qualitätssorge leisten? 16

2. Evaluation: Allgemeine Gesichtspunkte 25

2.1 Wann und warum ist es sinnvoll, daß Studierende selbst evaluieren? 25
2.2 Was muß man bei der Evaluation stets beachten? 29

3. Evaluation: Verfahren, Methoden und Instrumente 35

3.1 Kennzeichnende Instrumente 36
3.1.1 Der Lehrpreis 36
3.1.2 Die Beobachtung der Lehrpräsentation 39
3.1.3 Der Konsumentenleitfaden 41
3.1.4 Das Sorgentelefon und die kritische Bestandsaufnahme charakteristischer Studiensituationen 44
3.2 Diagnostische Instrumente zur Verbesserung der Lehre 47
3.2.1 Die Überprüfung der Studierbarkeit des Studiencurriculums 48
3.2.2 Die studentische *feedback-Gruppe* und die Podiumsdiskussion 49
3.2.3 Der Fragebogen 51
3.2.4 Die Teilnehmende Beobachtung anhand einer Beurteilungsliste 61
3.2.5 Zusammenfassung 62

3.3 Verfahren zur Beurteilung der Qualitätssorge 64
3.3.1 Vergleichen Sie das Bild, das eine Hochschule über sich selbst gibt oder das von anderen gezeichnet wird, mit dem Bild, das Sie selbst von der Hochschule haben 65
3.3.2 Prüfen Sie, wie in der Hochschule die Evaluationsdaten interpretiert werden 67
3.3.3 Prüfen Sie, ob der Qualitätssorge genügend Aufmerksamkeit geschenkt wird 70

4. Evaluation ... und dann? 73

4.1 Der Einsatz der kennzeichnenden Instrumente 74
4.2 Der Einsatz der diagnostischen Instrumente 81
4.3 Der Einsatz der kontrollorientierten Methoden 94

Über die Autoren 101

Vorwort

In Deutschland ist die Diskussion über die Reform der Hochschulen, die Studienreform und die Qualität des Studiums nach einer Flaute in den frühen 80er Jahren wieder in Gang gekommen – allerdings weniger aus Gründen eines sozial- und bildungspolitisch fundierten Engagements wie in den späten 60er Jahren. Die Ursachen für die erneut und vehement geführte Diskussion sind u.a. und nicht zuletzt in den immer knapper werdenden öffentlichen Haushalten und einer seit 1977 praktizierten Finanzpolitik zu finden, die den Bildungsbereich trotz seines seither unverminderten Wachstums unterproportional ausstattete, in der Hoffnung dem Studentenberg der späten 70er Jahre werde ein Tal folgen, in der Hoffnung man könne zur Erreichung des Tales den Studentenberg sozusagen untertunneln und die Finanzmittel bis dahin einfrieren. Diese Hoffnungen haben sich nicht realisiert.

Heute scheint offensichtlich, daß das Hochschulwesen in seiner jetzigen Gestalt in der bisherigen Weise nicht mehr finanziert werden kann. Angesichts leerer Kassen werden die Hochschulen immer nachdrücklicher gefragt, ob sie effizient und zweckmäßig das ihnen zur Verfügung gestellte Geld verwenden, ob die von ihnen angebotenen Ausbildungsgänge ausreichend strukturiert sind und den Studierenden die Möglichkeit bieten, die postulierten Ausbildungsziele in angemessener Zeit zu erreichen. Hochschulmanagement und Studiengangstruktur und deren Leistungsfähigkeit stehen auf dem Prüfstand.

Bereits 1988 machten die Bund-Länder-Kommission für Bildungsplanung und die Kultusministerkonferenz umfassende Vorschläge zur Verbesserung der Rahmenbedingungen von Studium, Lehre und Prüfungswesen. Auf diese Weise sollten Aktivitäten der Hochschullehrer gefördert werden, sich ihrer Verantwortung gegenüber ihren Studierenden und der Gesellschaft bewußt zu werden. Die Diskussion in den Hochschulen blieb von diesen Vorschlägen im großen und ganzen solange unbeeindruckt, bis 1989/90 das Magazin »DER SPIEGEL« erstmals 6000 Studierende an 500 Universitätsfachbereichen zur Studiensituation an den Hochschulen befragte. Von da an gab es kein Halten mehr. Von den verschiedensten Seiten wurden Vorschläge unterbreitet, wie man die Studiensituation z.B. durch eine stärkere Betonung der Lehre gegenüber der Forschung, durch Preise für gute Lehre oder durch eine direktere Kommunikation zwischen Hochschullehrern und Studierenden verbessern könnte. Es war der nordrhein-westfälischen Wissenschaftsministerin, *Anke Brunn*, vorbehalten, durch ein 1990 vorgelegtes umfassendes Aktionsprogramm den Focus der Debatte auf die »Qualität der Lehre« gelenkt zu haben. Eine in der Öffentlichkeit besonders breit diskutierte Maßnahme dieses Programms war die u.a. geforderte studentische Veranstaltungskritik, mit der erstmals die Studierenden selbst als von der Lehre Betroffene in den Prozeß zur Verbesserung der Lehre einbezogen werden sollten.

Seither hat sich viel getan, verschiedene Institutionen auf Bundes- und Länderebene, Verbände und Stiftungen haben die Qualität der Lehre als Thema zukünftiger Hochschulpolitik erkannt. Eine Vielzahl von Kongressen, Tagungen und Workshops beschäftigt sich seither mit den weltweit entwickelten Verfahren zur Qualitätsevaluation. Damit hat sich die deutsche Hochschulpolitik endlich in die Debatte eingefädelt, die seit den frühen 80er Jahren in allen europäischen Ländern, den USA, Australien und Neuseeland im wesentlichen die Neustrukturierung des Verhältnisses von Staat und Hochschulsystem zum Ziele hat. Der Brennpunkt dieser weltumspannenden hochschulpolitischen Diskussion richtet sich auf Qualitätsmanagement und Qualitätsevaluation auf der einen Seite und Hochschulautonomie und Deregulierung staatlichen Einflusses auf der anderen Seite. Qualitätsevaluation und Hochschulautonomie sind dabei die beiden Seiten einer Medaille, denn erst die Bereitschaft der Hochschulen zur Qualitätsbeurteilung und Rechenschaftslegung vor sich selbst und der Gesellschaft wird es dem Staat ermöglichen, sich auf die Definition von Rahmendaten für die Gestaltung von Lehre und Forschung an den Hochschulen zu beschränken.

Wegbereiter für die sich seit der Mitte der 80er Jahre ankündigende Wende in den europäischen Hochschulpolitiken waren nicht zuletzt die Niederlande. Seit 1985 leitete die niederländische Regierung, die sich noch Anfang der 80er Jahre als »omnipotenter Akteur« auf dem Felde der Bildungspolitik gesehen und tiefe Eingriffe in die Studiengangstruktur und die Hochschulfinanzierung vorgenommen hatte, Schritte zu einer neuen, geradezu entgegengesetzten Hochschulpolitik ein. Mit der Absicht, das Zusammenwirken von Staat und Hochschule grundsätzlich neu zu ordnen und die bisherige staatliche Hochschulpolitik auf ihre Effektivität hin zu überprüfen, legte die Regierung 1985 den Bericht *»Hoger Onderwijs: Autonomie en Kwaliteit* (HOAK)« (Hochschulwesen: Autonomie und Qualität) vor. Die niederländische Regierung akzeptierte, daß die bisherige zentrale Steuerung nicht mehr effektiv war und eine Steigerung der Qualität und Leistungsfähigkeit der Hochschulen nur durch Erhöhung der Autonomie und Förderung der Selbst-Regulierung möglich sein würde. Als Preis für die Stärkung der Autonomie verlangte die Regierung allerdings von den Hochschulen die Entwicklung eines Systems der Qualitätskontrolle.

Dies war der Beginn einer bis dahin in Europa unbekannten Anstrengung, mit Verfahren hochschulinterner und externer Evaluation ohne direkten staatlichen Einfluß die Qualität der Lehre zu beurteilen, zu sichern und wenn notwendig zu verbessern. 1986 erklärten sich die Vereinigung der niederländischen Universitäten, die *Vereniging van Samenwerkende Nederlandse Universiteiten* (VSNU), und die Vereinigung der Fachhochschulen, der *Hoger Beroeps Onderwijs-Raad* (HBO-Raad), bereit, ein System der Qualitätsbeurteilung in eigener Verantwortung zu entwickeln. Ihr Anliegen war und ist die Koordination der internen und externen Selbst-Evaluation an Universitäten und Fachhochschulen, um so zu einer Qualitätsverbesserung in Lehre und Forschung, zu einem Qualitätsmanagement in Fakultät und Hochschule sowie zu einer Erhöhung des Verantwortungsbewußtseins gegenüber der Öffentlichkeit beizutragen. Ranking und Umverteilung der staatlichen Ressourcen waren und sind ausdrücklich nicht das Ziel der niederländischen Qualitätsevaluation.

Die hochschuleigene Evaluation der Lehre findet in den Niederlanden seit 1988 an den Universitäten und seit 1990 an den Fachhochschulen sowohl intern durch die Fakultäten als auch durch externe Expertenkommissionen fachspezifisch und landesweit statt. Die fachspezifischen Untersuchungen werden von den Vereinigungen der beiden Hochschularten langfristig geplant, so daß sich die betroffenen Fakultäten darauf vorbereiten können. Für die Evaluationen werden externe Expertenkommissionen berufen, die beim VSNU-Verfahren aus fünf Mitgliedern bestehen, darunter in erster Linie aktive und emeritierte Hochschullehrer des zu untersuchenden Faches, aber auch jeweils ein Hochschuldidaktiker, ein ausländischer Hochschullehrer und ein Vertreter der Berufspraxis. Die HBO-Kommissionen haben i.d.R. bis zu 10 Mitglieder, die überwiegend aus der Berufspraxis kommen. Das Verfahren genießt hohes Prestige, so daß eine Berufung in die Kommission für die Experten eine Anerkennung und Auszeichnung darstellt. Vor dem Besuch der Kommission in den betreffenden Fakultäten/Fachbereichen werden diese gebeten, innerhalb einer kurzen Frist eine Selbstevaluation durchzuführen und deren Ergebnisse in einem schriftlichen Lehrbericht zusammenzufassen. Die Ergebnisse der Selbstevaluation werden während des Besuches der Expertenkommission bei den betreffenden Fakultäten/Fachbereichen in jeweils 2 1/2-tägigen Gesprächen an den Universitäten bzw. 1 1/2-tägigen Erörterungen an den Fachhochschulen mit den an der Lehre Beteiligten (Lehrende, Studierende, Doktoranden) sowie mit Vertretern der verschiedenen Verwaltungsebenen (Rektor, Dekan, Universitäts-, Fachbereichsrat, Studentenvertretung etc.) besprochen. Nach Abschluß der Gespräche werden die Analysen und die Empfehlungen der Expertenkommission jedermann zugänglich in Buchform veröffentlicht. Um zu überprüfen, ob die Fakultäten aus den Selbstevaluationen und den Empfehlungen der Expertenkommissionen etwas gelernt und für eine Verbesserung der möglicherweise bemängelten Studiensituation getan haben, wird diese Beurteilung in regelmäßigen Abständen von ca. sechs Jahren wiederholt. Bei diesen Evaluationen stehen nicht nur die Qualität der Lehre von Dozenten und das Verhältnis von Dozenten und Studierenden zueinander im Mittelpunkt, sondern darüber hinaus auch – und in nicht geringem Maße – das komplexe Bedingungsgefüge personaler und materieller äußerer Einflußfaktoren, die das Studium an der Fakultät erleichtern oder behindern. Deshalb nehmen die Fakultäten in den Lehrberichten auch Stellung zu Organisationsstruktur, Studentenprofil, Studienprogramm, Lehrprozeß, Lehrorganisation/ Lehrmanagement, Interne Qualitätsbeurteilung und Absolventenprofil.

Die Erfahrungen mit dem Modell der internen und externen Evaluation, die die Expertenkommissionen während der Besuche der Fakultäten bisher haben machen können, werden von den beteiligten Hochschulen und Experten insgesamt als positiv beurteilt. Die betroffenen Fakultäten sind in der Regel kooperativ, so daß offene Gespräche und eine vertrauensvolle Zusammenarbeit möglich werden, auch wenn natürlich eingeräumt werden muß, daß die Qualität der Selbstuntersuchungen und der Gespräche mit den Fachvertretern durchaus abhängig ist von den Einstellungen, der Lehr- und Gesprächskultur an der Fakultät. Das qualifizierte und qualitative Urteil der externen Experten gibt den betroffenen Fakultäten ein *feedback* über die erreichten Qualitätsstandards und macht deutlich, daß auch andere Fakultäten bei der Gestaltung von Lehre und Lehrangebot die gleichen Probleme haben, die durch gemeinsam entwickelte Maßnahmen beseitigt werden können. Dabei hängt die Akzeptanz der Untersuchungsergebnisse und Empfehlungen maßgeblich von dem Vertrauen der Hochschulen in den Evaluationsprozeß und die Experten ab.

Von besonderer Bedeutung ist die Rolle der Studierenden im System der Qualitätsbeurteilung, denn sie sind die Abnehmer, die Konsumenten, der Lehre und können in Sachen Lehrvermittlung ebenfalls als Experten Urteile über die Qualität der Lehre abgeben. Von seiten der Hochschulvereinigungen wird sehr großer Wert darauf gelegt, daß die Studierenden sowohl bei der Erstellung der Lehrberichte der Fakultäten als auch bei dem Besuch der Expertenkommission ihre Beurteilungen abgeben und ihre Auffassungen bei der Formulierung von Empfehlungen berücksichtigt werden. Die Studierenden ihrerseits beteiligen sich intensiv an der

Diskussion über das, was Qualität in der Lehre aus den verschiedenen Perspektiven und insbesondere der studentischen sein könnte. Sie fordern eine stärkere institutionelle Beteiligung im Prozeß der Qualitätsbeurteilung mit dem Hinweis, daß auch ihre Beurteilungen und Einwände eine wichtige Quelle für die Ergreifung von Maßnahmen zur Verbesserung des Lehr- und Lernprozesses sein können. Nicht zuletzt aus diesem Grunde ist die Position der Studierenden im neuen niederländischen Hochschulgesetz, dem *Wet op het Hoger Onderwijs en Wetenschappelijk Onderzoek* (WHW), von 1993 wesentlich gestärkt worden.

Das vorliegende Buch hat das Ziel, einen weiteren Beitrag zur Verbesserung des Qualitätsmanagements für die Lehre zu leisten, indem es die diesbezüglichen Möglichkeiten der Studierenden für die Mitwirkung an der hochschulinternen Qualitätsevaluation, -sicherung und -verbesserung thematisiert und auslotet. Die hier vorgestellten Initiativen und Aktivitäten werden im Niederländischen unter dem Sammelbegriff »Kwaliteitszorg« zusammengefaßt – ein Begriff, den wir hier wegen seiner irritierenden Prägnanz sozusagen unübersetzt als »Qualitätssorge« ins Deutsche übernehmen.

Schon 1990 hatte der amtierende niederländische Minister für Unterricht und Wissenschaften, *Dr. J. Ritzen,* erklärt, daß das Urteil der Studierenden im Rahmen des Evaluationsverfahrens und der Verbesserung der Lehre von großem Wert sei und das Engagement der Studierenden für die Beurteilung der Lehre durch größere Mitwirkungsrechte durch die Herausgabe eines Leitfadens für die studentische Qualitätsevaluation gefördert werden müsse. Also wurde das IOWO *(Instituut voor Onderwijskundige Dienstverlening*) an der Katholischen Universität Nijmegen beauftragt, einen Leitfaden zu erarbeiten und diesen auf einer Konferenz mit Vertretern von Studentenorganisationen, Hochschuldidaktikern und Personen aus Universitäten und Fachhochschulen, die mit der Evaluation an ihren Hochschulen befaßt waren, diskutieren zu lassen. Das Ergebnis dieser Auseinandersetzung und der kritischen Begleitung durch einen Expertenbeirat, dem Vertreter der beiden Studentenorganisationen, *R.Giesberts* und *M.Langeveld* vom *Landelijke Studenten Vakbond* (LSVb) und *J. Volker* vom *Interuniversitaire Studenten Overleg* (ISO), sowie *Dr. P. Mostert* vom HBO-Raad, *Drs. A.I. Vroeijenstijn* von der VSNU, *R. Smid* vom Ministerium für Unterricht und Wissenschaften, *H. Smetsers* von der Fachhochschule Eindhoven und *G. Heijnen* vom *Centrum voor Onderzoek van het Wetenschappelijk Onderwijs* der Reichsuniverstität Groningen (COWOG) angehörten, ist der vorliegende Leitfaden von *J. Willems, W. Gijselaers* und *D. de Bie.*

Dieser Leitfaden reflektiert die von den Studierenden in den Evaluationsprozeß einzubringenden Initiativen zweifellos vor dem Hintergrund der in den Niederlanden seit Jahren geführten und sehr viel weiter fortgeschrittenen Diskussion über die von den Hochschulen selbst und zu ihrem eigenen Nutzen durchzuführende Qualitätsevaluation. Nach Auffassung des Herausgebers kann er aber – umso mehr als in der vorliegenden Übersetzung die Bezüge auf die niederländische Situation auf ein Minimum reduziert oder durch Hinweise auf die deutschen Verhältnisse ersetzt worden sind – auch für Studierende an deutschen Hochschulen von großem Nutzen in der täglichen Auseinandersetzung sein und Anregungen zur Gestaltung des jetzt zu begründenden Qualitätsmanagements geben. Absicht des Leitfadens ist es, die Studierenden in die Lage zu versetzen, als Rezipienten/Teilnehmer von akademischen Lehrveranstaltungen ihren Beitrag zur Optimierung der Qualität der Lehre zu leisten. Die Forderungen an die Hochschullehrer nach einem besseren Lehrangebot und einer verbesserten Präsentation des Lehrstoffes müssen durch die Forderungen an die Studierenden nach einer aktiveren Beteiligung am Lehr- und Lernprozeß, also nach einem veränderten Studienverhalten ergänzt werden. Die Stärkung der Autonomie der Hochschulen und die Reduzierung des staatlichen Einflusses auf der einen Seite, macht auf der anderen Seite die Entwicklung neuer Diskurs- und Steuerungsstrukturen innerhalb und zwischen den Hochschulen notwendig, in die alle Beteiligten und nicht zuletzt die Studierenden einbezogen werden müssen.

Abschließend sei der Gewerkschaft für Erziehung und Wissenschaft (GEW), dem Niedersächsischen Ministerium für Wissenschaft und Kultur und insbesondere dem Ministerium für Wissenschaft und Forschung des Landes Nordrhein-Westfalen ausdrücklich gedankt, die durch ihre Unterstützung die Drucklegung dieses Leitfadens erst möglich gemacht haben.

Der Herausgeber

Einleitung

Die Qualität und die Bemühungen um die Qualität der Lehre haben in den vergangenen Jahren ständig an Bedeutung gewonnen. Die Hochschulen haben inzwischen ihre Verantwortung für die Gestaltung der von ihnen angebotenen Lehre erkannt, und Staat und Gesellschaft verlangen in zunehmendem Maße von den Hochschulen darüber Rechenschaft.

In diesem ganzen Prozeß ist jedoch die Position der Studierenden bisher nicht genügend berücksichtigt worden. Zu unrecht, denn die Studierenden sind doch die zunächst an guter Lehre Interessierten. Darum steht in diesem Leitfaden die/der Studierende im Mittelpunkt; die Frage lautet dementsprechend: Was kann man als Studierende/Studierender zur Optimierung der Qualität der Lehre beitragen?

Im Prozeß der Qualitätsbeurteilung, -sicherung und -verbesserung, hier zusammengefaßt in dem Begriff »Qualitätssorge«, spielt die Evaluation eine entscheidende Rolle. Sie bildet die Grundlage für die Verwirklichung bzw. die Aufrechterhaltung einer optimalen Lehrqualität. Wie umfassend sie letztlich gestaltet sein muß, hängt von der Absicht ab, die mit der Evaluation verfolgt wird. Im allgemeinen kann man sagen, daß die Evaluation umso gründlicher sein muß, je tiefgreifender die beabsichtigten Veränderungen sein sollen.

Jede gute Evaluation erfordert eine Reihe von vorher getroffenen, expliziten Entscheidungen. Manchmal kostet das etwas mehr Mühe und Kreativität, manchmal geht es um Selbstverständlichkeiten. Evaluation, wie einfach sie auch sei, ist zur Optimierung der Lehre zweifellos notwendig; sie allein ist jedoch nicht ausreichend. Sie verschafft zunächst lediglich einen Überblick über die Qualität der Lehre. Erst danach beginnt der Prozeß der Optimierung, auf den ebenfalls viele ernsthafte Überlegungen verwendet werden müssen. Wird hier nicht gründlich genug nachgedacht, so kann die Evaluation zu einer Enttäuschung werden, weil von ihr zuviel erwartet und nur wenig erfüllt wird. Daraus erwächst dann die Gefahr, daß der Elan, darauf auch noch Zeit zu verwenden, schwindet. Das wäre schade. Denn gerade als Studierende/Studierender sollte man ein besonderes Interesse an guter Lehre und daran haben, daß dementsprechend sorgfältig über deren Qualität nachgedacht wird.

Aus diesem Grunde werden wir in diesem Leitfaden nicht allein über die Instrumente und Methoden nachdenken, mit denen eine Übersicht über die Qualität der Lehre gewonnen werden kann, sondern auch über Fragestellungen wie z.B.: was ist gute Lehre und was ist nach der Evaluation zu tun?

Darüber hinaus werden die verschiedenen Phasen des Prozesses der Qualitätssorge besprochen.

- Die Vorbereitung: Was ist gute Lehre und wie kann man dazu beitragen?
- Die Durchführung: Wie kann man über die Qualität der Lehre einen Überblick bekommen, d.h. wie kann man evaluieren?
- Die Nachbereitung: Wie kommt man zu guten aussagekräftigen Ergebnissen und wirkungsvollen Maßnahmen zur Verbesserung der Lehre und wie kontrolliert man den Erfolg, die Wirkungen der ergriffenen Maßnahmen?

Wir gehen in diesem Leitfaden davon aus, daß die Studierenden *nicht* per se alles allein machen sollten. Allerdings sind wir auch der Meinung, daß ein großes Engagement der Studierenden in bezug auf die Lehre und die Sorge um deren Qualität nicht nur dienlich, sondern eine Notwendigkeit ist.

In diesem Leitfaden werden deshalb Vorschläge und Empfehlungen gemacht, die Bezug nehmen auf

a) die Aspekte, auf die man als Studierende/Studierender achten sollte,
b) die Möglichkeiten, einen Beitrag zu Evaluationsaktivitäten, die von der Hochschule initiiert sind, zu leisten,
c) die Entscheidung, eventuell selbst die Initiative zu ergreifen, und
d) eine der Situation angemessene Vorgehensweise.

Nun kann man als Studierende/Studierender an der Hochschule mit sehr unterschiedlichen Situationen konfrontiert werden, wie folgende Beispiele zeigen:

- In der Hochschule/im Fachbereich besteht überhaupt kein Klima für die Qualitätssorge: Es wird weder über die Qualität der Lehre gesprochen, noch besteht eine Bereitschaft, damit systematisch anzufangen.
- Zwar findet Qualitätssorge statt, aber sie führt zu keinen konkreten Verbesserungen: Die Hochschule ist zwar durchaus bereit zu evaluieren, jedoch erfahren die Studierenden, die dafür die benötigten Informationen geliefert haben, nicht, welche Konsequenzen aus den Ergebnissen gezogen werden. Sie wissen deshalb auch nicht, ob ihre Meinung von anderen Studierenden geteilt wird, und haben daher so nur eine geringe Chance, zur Verbesserung der Lehre beizutragen (wenn dies nötig sein sollte).
- Es wird über die systematische Qualitätssorge für die Lehre gesprochen: In einträchtiger Zusammenarbeit versuchen hier Studierende,

Fachbereichsleitung und die zuständige Kommission, in der Fakultät, im Fachbereich die Qualitätssorge zu organisieren. Auch in dieser Situation ist die studentische Meinung von Bedeutung. Aus eigenem Interesse für gute Lehre sollten die Studierenden in Tuchfühlung bleiben: Kümmern Sie sich um die Qualitätssorge und darum, ob den spezifischen Interessen von Studierenden genügend Rechnung getragen wird.

Da auf der Basis dieser drei Situationsbeschreibungen alle Evaluationsverfahren und sonstigen Maßnahmen beschrieben werden können, sollen sie den Ausgangspunkt in diesem Leitfaden bilden.

Zielsetzung des Leitfadens

Dieser Leitfaden hat *nicht* die Absicht, ein Kochbuch zu sein, in dem Studierende fix und fertige Rezepte für die Teilnahme an den Aktivitäten zur Qualitätssorge in der Hochschule oder im Fachbereich bzw. für die Planung und Durchführung von Evaluationen finden können. Dafür ist die Qualitätssorge eine zu komplexe Angelegenheit. Außerdem sind dabei so viele verschiedene Situationen, mit denen man konfrontiert werden kann, denkbar, daß es unmöglich ist, für alle konkrete Tips vorzusehen. Absicht des Leitfadens ist es jedoch, genügend Anknüpfungspunkte und Tips anzubieten, die in der eigenen Situation entsprechende Aktivitäten anregen könnten. Er verfolgt drei miteinander zusammenhängende Zielsetzungen. Er will

a. den Studierenden eine bessere Einsicht in die Problematik der Qualitätssorge im allgemeinen und der Evaluation im besonderen vermitteln;
b. Vorschläge für Aktivitäten, die die Studierenden im Rahmen ihres Beitrages zur Qualitätssorge unternehmen können, unterbreiten;
c. den Studierenden konkrete Tips für die eigenständige Planung und Durchführung von Evaluationen geben.

Die Gliederung des Leitfadens

Dieses Buch will durch die unterschiedlichen Problemstellungen leiten, mit denen Studierende konfrontiert werden können, wenn sie sich mit den Bemühungen um die Qualität der Lehre beschäftigen. Zu diesem Zweck folgt der Leitfaden den verschiedenen Phasen im Prozeß der Qualitätssorge, so daß in jedem Kapitel eine Phase angesprochen wird:

- ▶ Die Vorbereitung (Kapitel 1)
- ▶ Die Durchführung (Kapitel 2 und 3)
- ▶ Die Nachbereitung (Kapitel 4)

Kapitel 1 geht auf die erste Phase des Prozesses der Qualitätssorge ein und thematisiert Fragestellungen wie:

- Was ist gute Lehre bzw. was ist sicherlich keine gute Lehre?
- Worin besteht das Interesse von Studierenden an guter Lehre?
- Auf welche Weise kann man als Studierende/Studierender zur Qualität der Lehre beitragen?
- Welchen Problemen kann man als Studierende/Studierender begegnen, wenn man die Qualität der Lehre fördern will?

Kapitel 2 behandelt vor allen Dingen die Evaluation im engeren Sinne. In diesem Kapitel werden z.B. folgende Fragen gestellt:

- Wann ist es vernünftig, daß Studierende selbst evaluieren?
- Mit welchem Ziel sollte man evaluieren? Was muß die Evaluation primär erreichen?
- Worauf muß man beim Evaluieren immer achten?
- Auf welche Weise kann man, abhängig von der Zielsetzung, die man damit verfolgt, Informationen erheben?
- Wie kann man abhängig davon die Informationen präsentieren?

Kapitel 3 beschreibt eine große Zahl von Evaluationsinstrumenten und -verfahren. Dabei gehen wir ein auf:

- deren Ziel,
- deren Konstruktion und Anwendung sowie
- die Gesichtspunkte bei der Auswertung.

Kapitel 4 erörtert zum Schluß die Nachbereitung, die Umsetzung von Verbesserungen. Behandelt werden folgende Fragen:

- Wie kann man ausgehend von den gewonnenen Evaluationsergebnissen die Qualitätsdiskussion in Gang bringen und halten?
- Welche Aspekte spielen beim Beschluß von Maßnahmen, bei Verbesserungen und deren Kontrolle eine Rolle?
- Wie kann man als Studierende/Studierender zur Qualitätssorge im Fachbereich beitragen?
- Worauf muß man bei diesen Aktionen achten?
- Wie kann man den Aktionen einen zielführenden Erfolg sichern?

1. Die Studierenden und die Qualität der Lehre

Die Qualität der Lehre kann sehr verschieden ausfallen. Manchmal ist das Lehrangebot tadellos, und alles läuft zufriedenstellend. Ein anderes Mal wird es schwerfällig oder ausgesprochen schlecht präsentiert: Vorlesungen fallen aus, Arbeitsgruppen werden nicht weitergeführt oder der Studienführer ist nicht rechtzeitig erhältlich. Möglicherweise ist das ein Zufall, und es ist sozusagen nur höhere Gewalt im Spiel, so daß es beim nächsten Mal wieder ein bißchen besser gehen wird. Andererseits braucht es sich dabei durchaus nicht um einen solchen Zufall zu handeln, sondern kann auch der ganz gewöhnliche Gang der Dinge sein. In diesem Fall ist es sinnvoll, wenn dann die Studierenden etwas dagegen unternehmen, denn die Folgen schlechter Lehre können schmerzhaft sein. Schon deshalb ist es wichtig, daß man als Studierende/Studierender etwas von der Qualität der Lehre versteht und feststellen kann, wann sie unter dem Durchschnitt liegt.

Allerdings, über das, was Qualität der Lehre heißen kann, bestehen sehr unterschiedliche Meinungen. Einige Studierende finden es z.B. wichtig, daß bestimmte Studienschwerpunkte im Hauptstudium ausgewiesen sind, andere dagegen halten die didaktische Vorgehensweise für wichtig und achten darauf besonders. Aber nicht allein die Studierenden, sondern auch die Dozenten und Hochschuldidaktiker sind unterschiedlicher Meinung darüber, was nun genau unter der Qualität der Lehre zu verstehen ist.

Mit Qualität meinen wir offensichtlich verschiedene Dinge. Studierende können andere Akzente setzen, andere Dinge für wichtig halten als Dozenten. Werden Studierende als Konsumenten der Lehre und Hochschule und Dozenten als Produzenten angesehen, dann ist es eigentlich nicht verwunderlich, daß die Vorstellungen über Qualität und Qualitätssorge unterschiedlich ausfallen können.

1.1 Qualitätssorge als Problem

In diesem Buch geht es um die Perspektive der/des Studierenden. Deshalb wollen wir in diesem Kapitel Qualität und Qualitätssorge in der Lehre aus diesem Blickwinkel behandeln. Betrachten wir zunächst einige praktische Beispiele.

Datenschutz

Eine Hochschule evaluiert jährlich ihr gesamtes Lehrangebot mit Hilfe einer standardisierten Umfrage unter Studierenden. Deren Ergebnisse bleiben aber unveröffentlicht, weil die Hochschule der Meinung ist, daß durch deren Publizierung der Persönlichkeitsschutz ihrer Hochschullehrer angetastet wird. Allerdings werden die zusammengefaßten Ergebnisse in die Lehrberichte aufgenommen, die die betreffenden Fachbereiche erarbeiten. Die Studierenden erfahren jedoch nicht, ob aus den Ergebnissen der Evaluation Konsequenzen abgeleitet werden, und im nächsten Jahr wird die Lehre wiederum in der gleichen Weise evaluiert.

Weißbuch

Die Studierenden erleben am Fachbereich eine ganze Anzahl von deutlichen Engpässen im Grundstudium. Diese Behinderungen werden auch in der Evaluation deutlich, die der Fachbereich regelmäßig durchführen läßt. Durch Gespräche mit älteren Studierenden entdecken die jüngeren, daß schon unzählige Male auf diese Probleme aufmerksam gemacht und daß ebenso häufig zugesagt worden ist, daß daran etwas geändert werden würde. Deshalb stellen sie nun aufgrund der Berichte der Studienkommission ein Weißbuch über die bisherigen Beschlüsse und Zusagen zusammen. Der Fachbereich, dem das Weißbuch vorgelegt wird, stellt fest, daß die Probleme offensichtlich nicht zu beheben sind, da die Beschlüsse nicht zu den gewünschten Verbesserungen geführt haben. Die Studierenden ihrerseits sind jedoch der Meinung, daß in Wirklichkeit kaum Veränderungen in der Lehre ausprobiert worden sind.

Der Leitfaden »Alles über die Lehre«

Die Studierenden verabreden, einen Leitfaden mit dem Titel »Alles über die Lehre« zu erstellen. In diesen Leitfaden werden sowohl Beschreibungen über die verschiedenen Veranstaltungen und Studienabschnitte als auch Urteile von Studierenden dazu aufgenommen. Seine Absicht ist, den Studierenden Informationen über das vorhandene Lehrangebot zu geben. Nach der ersten Veröffentlichung stellt sich heraus, daß die Fachbereichsleitung das gewählte Konzept sehr anerkennt und bereit ist, die Initiative der Studierenden aufzugreifen und fortzuführen. Es wird dann eine Qualitätskommission eingerichtet, die die Zusammenstellung des Leitfadens, dessen Veröffentlichung und eventuelle Folgeaktivitäten betreut, ebenso wie sie dringend zu beseitigende Engpässe feststellt. In dieser Kommission haben auch die Studierenden Sitz und Stimme und werden jährlich gewählt. Jedes Jahr wird in der

Fakultätszeitung über die am besten beurteilte Veranstaltung und die meist anerkannte Verbesserung in der Lehre berichtet.

Evaluieren, wozu?

Nach ständigen Aufforderungen der Studierenden beauftragt schließlich die Fachbereichsleitung ein externes Büro mit der Durchführung einer Evaluation. Nach einiger Zeit werden die Studierenden aufgefordert, einige Fragebögen auszufüllen. Schließlich: Nach eineinhalb Jahren erfahren die Studierenden auf Umwegen, daß ein Bericht fertiggestellt wurde, der aber in der Schublade verschwunden ist und nicht veröffentlicht wird. Deshalb beschließen die Studierenden, selbst eine Evaluation der Lehre in dieser Fakultät durchzuführen, deren Ergebnisse in einem Bericht an die Fakultätsleitung vorgelegt werden. Der Dekan bestreitet die beobachteten Mängel mit der Begründung, daß das Evaluationskonzept nicht gut entworfen sei und die Resultate nicht repräsentativ sein würden. Die Hochschulzeitung widmet ihr einen Artikel. Danach geht alles wieder seinen gewohnten Gang.

Flaschenhals-Fächer im Studium

Alle Jahre wieder klagen die Studierenden darüber, daß in einem bestimmten Fach des Grundstudiums die Resultate ziemlich schlecht sind. Der Dozent, der das betreffende Fach vertritt, ist der Meinung, daß es unmöglich sei, die Lehre so zu verändern, daß sich die Resultate wirklich verbessern würden. Es sei nun einmal ein schwieriges Fach. Die Studierenden bekommen aber heraus, daß an einer anderen Hochschule viel mehr Studierende dasselbe Fach erfolgreich absolvieren. Der Dozent – mit dieser Information konfrontiert – behauptet, daß dort das von den Studierenden geforderte Niveau gesenkt worden sei. Letztendlich weigert er sich, der Frage nachzugehen, ob nicht doch eine Verbesserung seiner Lehre möglich sein würde.

Blinder Aktionismus

Bei der Erstellung eines Lehrberichtes stellt ein Fachbereich fest, daß im Hauptstudium ziemlich viele Studierende mit dem Studium aufhören. Sofort wird beschlossen, die Anforderungen im Grundstudium zu erhöhen, so daß es noch selektiver wird. Zu diesem Zwecke wird ein Studiengangsteilgebiet, das ursprünglich im Hauptstudium gelehrt wird, in das Grundstudium verschoben. Danach geht der betreffende Fachbereich wieder zur Tagesordnung über.

In allen beschriebenen Fällen, in denen evaluiert wird oder evaluiert werden müßte, geht es um die Qualitätssorge. Die Evaluationen finden jedoch erst statt, nachdem das Lehrangebot bereits den Studierenden vermittelt worden ist. Das scheint selbstverständlich, weil sich die Lehre erst in der Praxis beweisen muß. Doch ist dies weniger selbstverständlich als es scheint. Denn die Qualitätssorge muß bereits bei der Planung des Studiengangs und der verschiedenen Studienabschnitte beginnen (Gestaltung der Lehre). Das bedeutet, daß schon im Vorhinein bei der Gestaltung des Studienprogramms Aspekte wie z.B. die Studierbarkeit des Curriculums, die Chancen, daß die gesteckten Ziele auch erreicht werden können, und die Attraktivität der Lehre für die Studierenden bedacht werden. Und es ist wichtig, daß man als Studierende/Studierender von Anfang an daran beteiligt ist.

Auch wenn in den beschriebenen Fallbeispielen bereits Informationen über die von dem Dozenten, dem Fachbereich oder der Fakultät angebotene Lehre zusammengetragen werden, so führt das noch lange nicht zu einer *Verbesserung*. Dies ist aber schließlich das Ziel einer Evaluation. Dabei muß es nicht immer am Unwillen der Hochschule liegen. Manchmal kann es auch die Folge der fehlenden Möglichkeiten sein, etwas an der Situation zu verändern. Was jedoch immer notwendig ist, ist, daß die Ergebnisse einer solchen Evaluation gut analysiert und explizite *Schlußfolgerungen* gezogen werden. Auch das scheint in den verschiedenen Beispielen nicht der Fall zu sein. Natürlich kann es vorkommen, daß im Einzelfall die Schlußfolgerung lauten muß: Es wird nichts verändert, weil das Problem durch die Hochschule nicht zu beheben ist. Ein Beschluß an sich, etwas zu tun, verändert noch nichts. Es werden also auch Maßnahmen getroffen werden müssen, um die Beschlüsse durchzusetzen. Schließlich muß überprüft werden, ob die getroffenen Maßnahmen zu der gewünschten Verbesserung geführt haben.

Evaluation, so wie sie hier verstanden wird, ist ein Glied im Prozeß der Qualitätssorge. Wir definieren Evaluieren als die Erhebung, das Interpretieren und Präsentieren von Informationen mit dem Ziel, Entscheidungen herbeizuführen, so daß die Evaluation also als Grundlage für die Beschlüsse über die Veränderungen angesehen werden kann. Die Beschlüsse und Maßnahmen, die zur Verbesserung der Situation und zur Kontrolle darüber getroffen werden, sind selbst jedoch nicht Teil der Evaluation, aber sie gehören doch zum Prozeß der Qualitätssorge dazu. Dieser beginnt mit der Festlegung der Lernziele und erstreckt sich über die Entwicklung des Curriculums und die Organisation des Lehrangebots bis zur Durchführung des akademischen Unterrichts und der Kontrolle darüber, ob die Lehrinhalte gut präsentiert werden, und führt schließlich zur Ergreifung von Maßnahmen zur Verbesserung des Lehrplans und der Lehrpräsentation. Die Basiselemente der Qualitätssorge sind bereits in der Analyse der Fallbeispiele angesprochen worden und können wie folgt kurz zusammengefaßt werden:

- Gestaltung: Welche Ziele werden verfolgt und wie werden sie erreicht?
- Evaluation: Wie steht es mit der Lehre?
- Schlußfolgerung: Welche Engpässe gibt es tatsächlich und was muß dagegen getan werden?
- Verbesserung: Welche Maßnahmen sind nötig, um die erkannten Engpässe zu beseitigen?
- Kontrolle: Haben die ergriffenen Maßnahmen den gewünschten Effekt gehabt?

Wenn wir die oben beschriebenen Fallbeispiele an Hand dieser Elemente analysieren, entsteht folgendes Bild.

	Datenschutz	Weißbuch	Alles über die Lehre	Evaluieren wozu?	Flaschenhalsfächer	Blinder Aktionismus
Gestaltung	+	+	+	+	+	+
Evaluation	+	+	+	+	–	–
Schlußfolgerung	–	+	+	–	–	+
Verbesserung	–	–	+	–	–	+
Kontrolle	+	+	+	–	–	–

Evaluationen können also nicht alle Aspekte in gleicher Weise berücksichtigen. So werden Hinweise von Studierenden darauf, daß etwas fehlerhaft ist, nicht ernstgenommen; Veränderungen in der Lehre finden statt, ohne daß vorher eine richtige Problemanalyse durchgeführt wird. So werden zwar Beschlüsse zur Verbesserung gefaßt, ohne sie aber mit konkreten Verbesserungsmaßnahmen zu verknüpfen. Demgegenüber gibt es natürlich auch Fälle, in denen die Qualitätssorge ziemlich reibungslos verläuft und aus Evaluationen adäquate Folgerungen gezogen werden.

1.2 Das Interesse von Studierenden an guter Lehre

Es klingt zwar logisch, daß die Studierenden an guter Lehre ein Interesse haben, und scheint deshalb eine Selbstverständlichkeit zu sein, die keiner Erläuterung bedarf. Dennoch ist es notwendig, dieses Interesse etwas näher zu beschreiben. Denn anders bleibt es eine nichtssagende Behauptung mit der Gefahr, daß nicht deutlich wird, ob man sich als Studierende/Studierender damit beschäftigen sollte oder nicht. Worin besteht das Interesse eigentlich? Wie groß ist das Interesse und warum sollte man sich mit der Evaluationsproblematik beschäftigen?

Das Interesse im Hinblick auf den Zeitaufwand: Schlechte Lehre kostet zusätzliche Zeit und vergrößert die Gefahr der Studienzeitverlängerung.

Studierende verfolgen die Lehrveranstaltungen, um zu lernen. Wird die Lehre schlecht vorgetragen, fällt das Studieren schwer und bedarf zusätzlicher Anstrengungen der/des Studierenden, um die erwarteten Ergebnisse zu erzielen. Schlechte Vorlesungen haben z.B. zur Folge, daß sich die Studierenden bemühen müssen, sich den ganzen Stoff im Selbststudium anzueignen. Schlechte Studien- und Prüfungsorganisation kann bedeuten, daß die Prüfungen nicht rechtzeitig abgelegt bzw. nicht zügig wiederholt werden können. Das kostet der/dem Studierenden nicht nur mehr Zeit als nötig wäre, es verursacht auch Unzufriedenheit und vielleicht sogar Verärgerung – denn schlechte Vorlesungen erhöhen bestimmt nicht die Lust am Studieren. Das kann dann auch zu schlechten Ergebnissen und zur Studienzeitverlängerung mit der möglichen Folge führen, daß das Studium im Vergleich mit den Studierenden von Nachbarhochschulen unnötig lange dauert.

Das Interesse im Hinblick auf die Berufsperspektive: Schlechte Lehre ist eine unzureichende Vorbereitung auf die spätere Berufstätigkeit.

Schlechte Lehre kann auch darin bestehen, daß die/der Studierende am Ende der Ausbildung über unzureichende Kenntnisse und Fertigkeiten verfügt. Dadurch wird der Wechsel auf den Arbeitsmarkt schwierig. So wird es möglich, daß Studierende, die an einer anderen Universität oder Fachhochschule studiert haben, besser ausgebildet den Arbeitsmarkt betreten.

Das finanzielle Interesse: Je länger das Studium, desto höher die materiellen Aufwendungen.

Wir müssen zum Schluß noch auf das finanzielle Interesse hinweisen, das die/der Studierende an guter Lehre hat. Denn länger zu studieren, kostet der/dem Studierenden zusätzlich Geld – unnötige Studienverzögerungen als Folge von schlechter Lehre oder schlechter Organisation kommt so der/dem Studierenden teuer zu stehen. Anders gesagt: Bei guter Lehre und Lehrorganisation bekommt man mehr für sein Geld.

Es erscheint also plausibel, daß Studierende aus verschiedenen Gründen an einer guten Lehre Interesse haben und daß dies Anlaß genug ist, sich als Studierende/Studierender damit zu beschäftigen. Darüber hinaus sind nicht nur Studierende an guter Lehre, sondern auch die Hochschule selbst und die Gesellschaft insgesamt interessiert. Denn eine Hochschule, die schlechte Lehre anbietet, läuft Gefahr, sich einen schlechten

Ruf zu erwerben und dadurch immer weniger Studierende anziehen zu können. Die Gesellschaft insgesamt kann sich keine schlechte Lehre erlauben, weil die Lehre nun einmal eine bedeutsame Funktion erfüllt: die Sicherung ihres Fortschritts, ihrer weiteren Entwicklung. Das ist einer der Gründe, weshalb das Thema Qualität der Lehre in den letzten Jahren so viel Aufmerksamkeit auf sich gezogen hat. Es geht faktisch um jedermanns Interesse, ohne damit sagen zu wollen, daß es deshalb auch jedermanns Aufgabe ist, die Qualität kontinuierlich im Auge zu behalten. Die Verantwortlichkeit für gute Lehre liegt zu allererst beim Produzenten, bei der Hochschule selbst; die Hochschule wird dafür bezahlt und mag darauf zurecht hingewiesen werden. Andererseits erscheint es selbstverständlich, daß auch der Konsument, die/der Studierende, aktiv wird, wenn es um die Qualität schlecht bestellt ist; schließlich kommt es ihr oder ihm sonst buchstäblich und bildlich gesprochen teuer zu stehen.

Hochschule und Gesellschaft haben letztlich den Nutzen davon, wenn sich die Studierenden zu Worte melden und auf die Probleme und Mängel in der Lehre hinweisen, wie schmerzhaft das vielleicht im ersten Moment auch für die Fakultät oder einen Fachbereich sein mag. Ein kritischer Konsument kann dem Produzenten nun einmal wichtige Informationen geben. Die Studierenden selbst werden naturgemäß zuerst an der direkten Verbesserung der Lehre interessiert sein: bessere Vorlesungen, andere Studienpläne, faire Zwischenprüfungen, mehr und verständlichere Informationen, bessere Materialien – darin liegt ganz deutlich ihr Interesse. Das erfordert Fakultäten oder Fachbereiche, die bereit sind, die Qualität zum Thema zu machen, die Diskussion darüber zu beginnen und die Verbesserungen auch umzusetzen. Wenn das noch nicht der Fall ist, werden die Studierenden ggf. zunächst erst eine Lehr- und Gesprächskultur in der Fakultät oder im Fachbereich schaffen müssen, in der der Lehrqualität mehr Aufmerksamkeit geschenkt werden kann.

1.3 Was ist gute Lehre?

Das erste, woran man wahrscheinlich denkt, wenn man aufgefordert wird, ein Urteil über die Qualität der Lehre abzugeben, ist das Auftreten der Lehrenden: eine gute Hochschule beschäftigt ohne Zweifel gute Lehrende. Selbstverständlich ist dann die nächste Frage, was sind gute Lehrende. Die Antwort auf diese Frage liegt eigentlich auf der Hand, auch wenn über Einzelaspekte immer noch gestritten werden kann. Es gilt als allgemein akzeptiert, daß gute Lehrende den Lehrstoff hervorragend präsentieren, d.h. klar, übersichtlich, strukturiert. Sie sind auch imstande, schwierige Sachverhalte deutlich zu erklären. Weiterhin können sie Interesse wecken, denn sie halten die Veranstaltungen mit sichtbarem Vergnügen ab. Die Prüfungen bei diesen Lehrenden mögen vielleicht schwer sein, es geht dabei aber in jedem Fall fair zu: Studierende, die die Studienaufgaben erledigen und die zusätzlichen Hinweise befolgt haben, wissen was dran kommt; Überraschungen sind ausgeschlossen. Insofern hängt die Qualität der Lehre von den didaktischen Fähigkeiten der Lehrenden ab.

Das ist jedoch nur eine begrenzte Sicht auf die Qualität der Lehre. In der akademischen Lehre ist viel mehr als nur die didaktische Qualität der Lehrenden von Bedeutung. Deshalb ist es in der Fachliteratur auch nicht so gebräuchlich, von **der** Qualität der Lehre zu sprechen, sondern vielmehr vom mehrdimensionalen und kontextabhängigen Charakter der Qualität. D.h., daß der Begriff »Qualität« den unterschiedlichen Aspekten entsprechend verschieden definiert wird. Mit anderen Worten: es gibt keine eindeutigen Kriterien, die in allen möglichen Situationen anwendbar sind, um Qualität zu messen. Die Lehre hat insofern viele Qualitätsaspekte, was so befremdlich eigentlich nicht ist, wenn man die vielen Aspekte und Faktoren, die man unterscheiden kann, etwas näher betrachtet. Das Lehrangebot besteht nicht ausschließlich aus der einen interessanten Veranstaltungsreihe, sondern aus einer Abfolge von Veranstaltungen und Veranstaltungsprogrammen. Ihr Ziel ist letztlich, daß nach Absolvierung des Studiums etwas Sinnvolles gelehrt und gelernt worden ist, mit dem man als Studierende/Studierender nach dem Studium weiterkommt. Charakteristisch ist in jedem Fall, daß sich die Qualität der Lehre jederzeit auf die eine oder andere Weise um die/den Studierenden dreht. Schlechte Lehre bedeutet, daß man als Studierende/Studierender wenig Sinnvolles lernt und darüber hinaus auch noch viel Zeit verliert.

Als Studierende/Studierender ist man sozusagen Kunde der Hochschule, und als Kunde tut man gut daran, sich zu fragen, ob man Qualität geboten bekommt, so wie man es normalerweise auch bei anderen Produkten und Dienstleistungen macht. Man ist Abnehmer und Anwender von Lehre und Lehrangebot, und deshalb ist eine Frage wie z.B. »Erfüllt diese Lehre meine Wünsche und meine Erwartungen« eine sinnvolle Frage. Die Hochschule wird sich selbst nämlich auch regelmäßig fragen, ob das angebotene Produkt immer noch für ihre Abnehmer brauchbar ist ('fitness for use').

Des weiteren besteht das Produkt nicht allein aus der Lehrpräsentation, sondern umfaßt bedeutend mehr. Es ist z.B. zu fragen: wie ist das Curriculum zusammengestellt; wie sind die Abschnitte und Studienjahre aufeinander abgestimmt; wie ist der Wahlbereich gestaltet. Man kann auch prüfen, wie gut das Lehrangebot durchdacht und ausbalanciert ist? Finden beispielsweise regelmäßig Evaluationsuntersuchungen statt; wie lautet das Urteil der »älteren Semester« dazu; ist bereits ein »Konsumentenleitfaden« vorhanden?

Beiläufig haben wir bereits den Bezug zum Arbeitsmarkt angesprochen, aus dessen Perspektive sich z.B. die Frage aufwirft, ob die Studierenden am Ende der Ausbildung wirklich das gelernt haben, was sie brauchen, um eine Berufstätigkeit aufnehmen zu können, oder ob sie noch zusätzliche Veranstaltungen belegen müssen? Auch das hat mit Qualität zu tun. Im Zusammenhang mit der Qualität der Lehre sollte man auch an die Lehrausstattung (Bibliothek etc.) und das Studienklima denken. Mit anderen Worten: wenn wir über qualitativ gute Lehre sprechen, müssen wir viele verschiedene Aspekte berücksichtigen. Insofern müssen wir wirklich aufpassen, wenn wir gute Lehre einschätzen.

Um eine Antwort auf diese Fragen geben zu können, werden wir in die Vielfalt der Aspekte mit vier Kategorien etwas Ordnung bringen. Und zwar unter folgenden Gesichtspunkten: Die akademische Lehre ist darauf gerichtet, Studierende auf eine Berufstätigkeit vorzubereiten. Deshalb haben einige Qualitätsaspekte mit dem Bezug zwischen Ausbildung und Arbeitsmarkt zu tun. So werden u.a. entsprechende Lernziele des Studienganges dazu gehören. Weiterhin wird auf der Basis der Lernziele ein Studium entworfen, damit Studierende die erforderlichen Kenntnisse erwerben können. Wir nennen das Curriculum, Lehrplan oder Lehrprogramm. Der nächste Schritt ist, daß das entworfene Curriculum umgesetzt werden muß. Dabei treffen wir u.a. auf die Lehrpräsentation und alles was dazugehört. Schließlich erfordert Lehre sächliche Ausstattungen wie angemessene Gebäude, taugliche Räumlichkeiten, eine Mediothek, eine Mensa und dergleichen. Zusammengefaßt können wir vier Kategorien, die im folgenden besprochen werden sollen, unterscheiden:

- Bezug zum Arbeitsmarkt;
- Curriculum;
- Lehrpräsentation;
- Lehrausstattung.

Der Bezug zum Arbeitsmarkt

Die Lehre hat die Vermittlung von Wissen und die Erreichung von Lernerfolgen als wichtigstes Ziel. Schließlich besucht man eine Universität oder Fachhochschule, um etwas Gehaltvolles zu lernen, und hofft, am Ende der Ausbildung über die Sachkenntnisse und Fertigkeiten zu verfügen, mit denen man erfolgreich ins Berufsfeld eintreten kann. Die Sachkenntnisse und Fertigkeiten können als Lernziele bezeichnet werden. Im besten Fall sind diese auch schriftlich niedergelegt und begründet: Es stellt sich aber die Frage, warum diese Lernziele, warum diese Beschränkungen, warum diese Prioritäten? Meistens werden die Lernziele auch in die Studiengangsbeschreibung aufgenommen, weil sie eine wichtige Leitlinie für die Lehre darstellen. Sie sind eine Beschreibung von dem, was man nach Beendigung des Studiums gelernt haben soll.

Es erscheint selbstverständlich, für die Lernziele auch Anleihen aus dem Berufsfeld zu nehmen, in dem der Absolvent später vermutlich tätig wird. Es gibt Berufsprofile, aus denen Lernziele abgeleitet werden können. Meistens ist es dagegen so, daß sie nicht vollständig mit den Berufsanforderungen zusammenfallen, denn die akademische Lehre hat auch eine allgemeinbildende Funktion, so daß auch andere Lernziele verfolgt werden müssen.

Lernziele sind also wichtige Hinweise für die Lehre und eine Richtschnur für deren Gestaltung. Daher ist es im Rahmen der Qualitätssorge von Bedeutung, über die Lernziele der Ausbildung Bescheid zu wissen, auch wenn es für Studierende i.d.R. schwer ist, deren Qualität richtig zu beurteilen. Deshalb ist es vielleicht auch nicht das erste, worauf man als Studierende/Studierender stößt. Dort aber, wo Unklarheiten oder Zweifel hinsichtlich der Ausbildung im ganzen oder der Orientierung auf den Arbeitsmarkt (gelingt es den Absolventen einen Beruf zu finden) bestehen, ist es richtig, die Lernziele unter die Lupe zu nehmen. Man muß dann prüfen, wie diese entwickelt wurden. Zu fragen wäre z.B., ob Absolventen oder Vertreter aus dem Berufsfeld einbezogen wurden oder wann die Lernziele zum letzten Mal überarbeitet worden sind? Selbstverständlich sollte die Hochschule den Wechsel ihrer Absolventen in den Arbeitsmarkt im Blick haben und regelmäßig prüfen, wie es darum steht – auch mit der möglichen Konsequenz, daß Veränderungen in der Lernzielbestimmung und in der Lehre vorgenommen werden müssen.

Das Curriculum (Studiengang)

Das Lehrangebot stützt sich i.d.R. auf die Studienordnung, die den formalen Rahmen für das Curriculum darstellt. In der Studienordnung beschreibt jeder Fachbereich die aufeinander folgenden Pflicht- und Wahlbereiche, die Veranstaltungen, den Aufbau und Zusammenhang des ganzen Studiengangs, die didaktischen Maßnahmen (Arbeitsformen, Gruppengröße), die Studienberatung und die Studienanforderungen (Prüfungen, Abschlußexamen).

Es ist nicht schwer einzusehen, daß man als Studierende/Studierender Interesse an einem durchdachten und ausreichend aktualisierten Curriculum haben sollte. Denn auch wenn das Lehrmenü aus vielen attraktiven Gängen bestünde, so ist es doch der Aufbau im ganzen, der schließlich die Qualität des Mahles bestimmt. Der Aufbau eines Curriculums wird u.a. aus dem inneren Zusammenhang seiner Abschnitte deutlich, und wenn er gut ist, wird der Lehrstoff so verbunden und wechselseitig abgestimmt sein, daß man einen Überblick über das Ganze bekommt. Das bedeutet auch, daß unnötige Überschneidungen vermieden werden.

Ein besonderer Aspekt des Curriculums ist die angenommene Gesamtstudienbelastung. Die Empfehlungen der Ständigen Kommission für die Studienreform bei der bundesdeutschen Kultusminister-Konferenz von 1982/83 zu »Dauer des Studiums und Studierbarkeit des Lehrangebots« gehen von der Überlegung aus, daß für studienbezogene Aktivitäten eine Jahresarbeitszeit von 46 Wochen und eine übers Jahr hinweg durchschnittliche wöchentliche Studienbelastung von 45 Stunden, also von 2.070 Stunden im Jahr, zur Verfügung stehen. Für das universitäre Studium ergibt sich bei Zugrundelegung von 28 Wochen Vorlesungszeit im Jahr und einer wöchentlichen Präsenzzeit von 20 Stunden, zu denen noch Vor- und Nachbereitungszeit von z.B. zwei Stunden hinzugerechnet werden, bei 560 Stunden Präsenzzeit in der Hochschule eine Studienbelastung von 1680 Stunden im Jahr. Für ein Fachhochschulstudium geht man von 36 Wochen Vorlesungszeit und 24 Stunden, also 864 Stunden Präsenzzeit und 816 Stunden zur Vor- und Nachbereitung im Jahr aus. Die restlichen 390 Stunden sollen den Studien eigener Wahl sowie der Prüfungsvorbereitung oder Erarbeitung von Leistungsnachweisen vorbehalten bleiben.

Das Curriculum sollte schriftlich fixiert und für alle Studierenden zugänglich sein. Hier sollen die Elemente beschrieben werden, die wir gerade aufgezählt haben: die Studienabschnitte (Veranstaltungen) je Studienphase (Studienjahr), die zeitliche Studienbelastung, etc. Wenn zwischenzeitlich Veränderungen im Curriculum auftreten, müssen diese rechtzeitig bekannt gegeben und in diesem Fall Übergangsregelungen getroffen werden. Das Curriculum sollte so klar und deutlich erläutert sein, daß die Studierenden es lesen und verstehen können (Verzicht auf unnötigen Fachjargon). D.h. dem Fachbereich sollte auch bekannt sein, wo die Studierenden zu Recht Fragen an das Curriculum haben.

Die Präsentation des Lehrangebots

Wie wir bereits oben geschrieben haben, ist die Umsetzung des Lehrangebots – die Lehrpräsentation der Lehrenden – der Aspekt, mit dem Studierende täglich am meisten zu tun haben. Dazu gehören – vom Lehren selbst abgesehen – z.B. die verwendeten Mittel und Materialien, der Overhead-Projektor, die Studienführer und die Reader etc., aber auch die praktische Organisation der Lehre, also z.B. der Zeitpunkt und die Art und Weise, mit der das eine oder andere bekannt gemacht wird, oder die Gesprächsbereitschaft von Lehrenden sowie Mitarbeiterinnen und Mitarbeitern.

Nun dürfen wir annehmen, daß Studierende bereits einige Erfahrungen mit Lehrern gemacht haben. Im Schulunterricht hat man täglich Lehrer erlebt und wahrscheinlich auch große Unterschiede festgestellt. Darunter gab es Lehrer, die ihren Unterricht gut vorbereitet hatten, Lehrer, die klar und übersichtlich unterrichten konnten. Aber es gab auch solche, bei denen der Unterricht weniger gut war und die eher vom Lernen abhielten, als dazu zu ermutigen.

Diese Erfahrungen sind zum Teil sehr nützlich, wenn man die Lehrenden in der akademischen Lehre betrachtet. Wir sagen »zum Teil«, weil natürlich ein Unterschied zwischen dem Schulunterricht und der akademischen Lehre besteht. Man wird nun z.B. nicht mehr täglich geprüft, und es wird weniger individuell auf einen eingegangen. Auch wird der eigenen Verantwortung mehr überlassen. Dadurch kann jedoch nicht rechtfertigt werden, daß Lehrende den Lehrstoff schlecht und unstrukturiert vortragen, unverständlich sind und schlechte Folien für den Overhead-Projektor benutzen. Deshalb braucht man, wenn man in der Veranstaltung aufmerksam ist und ihr trotzdem nicht folgen kann, nicht sofort daran zu denken, daß es allein an einem selbst liegt. Man sollte sich mit seinen Kommilitonen beraten. Vielleicht stellt man dann fest, daß nahezu niemand etwas versteht. Wenn den Studierenden jedoch tatsächlich das Lernen erschwert wird, macht es allerdings Sinn, die Qualität der angebotenen Lehre zu überprüfen. Lehrende und Didaktiker sind bestimmt nicht die einzig befugten Begutachter! Was das Problem der Präsentation der Lehre angeht, so hoffen wir jedenfalls, es nicht schwieriger zu machen als es ist. Auch mit etwas gesundem Menschenverstand und angeregt von Gesprächen mit Kommilitonen kann man die Qualität der Präsentation der Lehre beurteilen. Es ist wirklich nicht so, daß man erst einige Evaluationsformulare rundgehen lassen und rechnen, Strichlisten machen und analysieren muß, um festzustellen, daß die Vorlesungen nicht zufriedenstellend abliefen oder der Hörsaal zu klein war.

Wir nennen nun eine Reihe von Aspekten, um deutlich zu machen, daß es sich um keine wirklich komplizierte Materie handelt. Denn als Konsumenten von Lehre verfügen Studierende über eine ganze Menge von Kenntnissen. Für die Präsentation der Lehre ist es wichtig, so rechtzeitig wie möglich zu wissen, welche Studierenden zu welchem Zeitpunkt an welcher Veranstaltung und welchem Studienabschnitt teilnehmen. Rechtzeitig heißt in diesem Falle, daß man noch die nötigen Vorbereitungen treffen kann: die Anschaffung von Büchern, Readern, Studienleitfaden und die eventuelle Anfertigung von Studienarbeiten, die vor der ersten Stunde vorliegen müssen. Eine Beschreibung des Ablaufes der Lehrveranstaltung sollte den Studierenden zu Veranstaltungsbeginn vorliegen, so daß ihnen deutlich ist, welche Ziele angestrebt werden, wie die Arbeitsweise aussieht, welche Anforderungen in den Prüfungen inhaltlich konkret gestellt werden. Viele Hochschulen haben diese Aspekte in einem Studienführer beschrieben. Daher ist er auch für eine Reihe von Qualitätsaspekten eine brauchbare Quelle von Informationen. Blättern Sie den Studienführer Ihres Fachbereichs einmal durch und beachten Sie wie ausführlich das eine oder andere beschrieben und wie viel Mühe darauf verwandt worden ist: Welche Leistungsanforderungen werden von Ihnen erwartet, wie sehen die Prüfungen aus; sind die didaktischen Mittel und Materialien, die der Dozent verwendet, sachadäquat; ist der Dozent verständlich; sind die Notizen an der Tafel, auf dem Flipp-Chart oder den Folien von der letzten Reihe aus zu lesen?

Zusammengefaßt sind dies Stück für Stück Dinge, die zum größten Teil für sich selbst sprechen und die jede/jeder Studierende sicherlich schon kennt. Denn man hat bereits eine mehr als zehnjährige Unterrichtslaufbahn hinter sich und die nötigen Erfahrungen gewonnen. Daß die Studierenden kaum reagieren, wenn es bei der Präsentation des Lehrstoffes falsch läuft, hat vielleicht mit der Tatsache zu tun, daß es für sie ungewohnt ist, auf diese Weise kritisch ihren akademischen Unterricht zu betrachten. Vielleicht sind sie schlechte Lehrpräsentationen gewöhnt und kommen nicht auf die Idee, daß es auch anders gemacht werden könnte. Sie denken vielleicht, daß es an ihnen selbst liegt, oder wissen nicht, wo sie ihre Kritik loswerden können, und sind ängstlich, daß ihre Kritik langfristig gegen sie selbst verwendet werden kann. Ein erster Schritt in die richtige Richtung ist in jedem Fall, wenn Studierende miteinander sprechen und entdecken, daß die festgestellten Mängel in der Lehre so auch von anderen Studierenden erlebt werden. Auch ein Gespräch mit »älteren Semestern« kann sinnvoll sein. Denn in einem solchen Gespräch kann man die verschiedenen Aspekte Revue passieren lassen: z.B. die Ausführungen der Lehrenden (Deutlichkeit, Verständlichkeit, Schwierigkeitsgrad), die verwendeten didaktischen Mittel und Materialien, etc.

Die Ausstattung für die Lehre

Die letzte große Kategorie der Qualitätsgesichtspunkte bildet die Ausstattung für die Lehre, z.B. die sächliche Ausstattung (z.B. Räume, Mediothek oder Bibliothek, Mensa). Auch das, was die studentischen Aktivitäten stimulieren und unterstützen kann, rechnen wir dazu: Studentenvereinigungen, Einführungstage und dergleichen. Für diese Kategorie ist es etwas schwerer anzugeben, was eine mehr oder weniger normale Qualität bedeuten könnte. Natürlich müssen die Räume, in denen die Lehrveranstaltungen stattfinden, für die Anzahl der Studierenden geeignet sein und die Öffnungszeiten und die Erreichbarkeit von Bibliothek und Mediothek den Anforderungen entsprechen. Gute Einführungstage und eine gut funktionierende Studentenvereinigung sind wahrhaftig auch kein Luxus, aber es ist schwer diesbezüglich Normen zu formulieren.

Wir haben die vier Kategorien vorgestellt, die die Aspekte der Lehre berücksichtigen, und wir haben in bescheidener Weise anzugeben versucht, was wir, wenn es um Qualität geht, als normal betrachten. Mit normal meinen wir in diesem Fall »allgemein akzeptiert«. Ob es jederzeit gelingt, dies in allen Fällen einzuhalten, ist eine andere Frage. Denn es können sich nun einmal Situationen ergeben, die als höhere Gewalt bezeichnet werden können, wie z.B. Krankheit, Unglück oder Apparate, die überraschend defekt werden. Jede/jeder Studierende kommt damit in Berührung und hat normalerweise davon eine Vorstellung. Etwas anderes ist es dagegen, wenn es sich nicht um einen reinen Zufall handelt, sondern um etwas, das sich wiederholt ereignet und für den Ausbildungsgang anscheinend kennzeichnend ist. In einem solchen Fall ist es sinnvoll, als Studierende/Studierender oder als Studentengruppe zu reagieren.

Wir fassen die verschiedenen Qualitätsaspekte in einer Checkliste von zu beachtenden Gesichtspunkten zusammen. Diese Checkliste ist hilfreich, um Einblick in die Qualität des eigenen akademischen Unterrichts zu bekommen. Stellen Sie fest, wie es um jeden einzelnen Aspekt bestellt ist und bilden Sie Ihr Urteil durch die Vergabe von Plus- und Minusbewertungen.

Checkliste für studentische Qualitätssorge

1. Die Lehrpräsentation:

- Darstellung durch den Dozenten: strukturiert, deutlich, verständlich, engagiert;
- verwendete Mittel/Materialien (Tafel/Overhead/Video): lesbar, erkennbar, adäquat;
- verwendete Studienleitfaden und Reader: lesbar, klar gegliedert, rechtzeitig verfügbar;
- praktische Organisation der Lehre: rechtzeitiges Beginnen und Aufhören, rechtzeitige Bekanntmachung der Räume, Einplanung von Pausen;
- Gesprächsbereitschaft von Dozenten und Mitarbeitern;
- Studienführer: vollständig, deutlich, lesbar;
- Information über Veranstaltungen, Aufgabenstellungen und Prüfungen: rechtzeitig verfügbar, vollständige und korrekte Information;
- Prüfungen: Form, Inhalt, richtige Beratung, Klarheit.

2. Das Curriculum des Studienganges:

- Aufbau und Zusammenhang der Studienabschnitte: gegenseitige Verweisungen, Überschneidungen, Lücken;
- Abfolge der Studienjahre: Aufbau, gegenseitige Verweisung, Überschneidung, Lücken;
- Beschreibung des Studiums: klar, informativ;
- Zusammenhang von didaktischen Arbeitsformen: durchdacht, abgestimmt;
- Gliederung und Verteilung der Studienbelastung: Verteilung der Studienbelastung über Tage und Wochen, Umfang der Studienbelastung;
- Studienberatung (Mentorat): Zeckmäßigkeit, Bereitschaft;
- Studienanforderungen (Wiederholungen, Durchlauf): klar, vernünftig, richtige Erklärung.

3. Die Ausstattung für die Lehre:

- räumliche Ausstattung (Labore, Lesesäle etc.): Verfügbarkeit, Anzahl;
- Bibliothek: Umfang, Aktualität, Ausleihe, Verfügbarkeit, Öffnungszeiten;
- Mensa: Auswahl, Öffnungszeiten;
- Studentenaktivitäten: attraktiv, sinnvoll.

4. Der Bezug von Ausbildung und Arbeitsmarkt:

- Position von Absolventen auf dem Arbeitsmarkt: benötigte Zeit, um einen Arbeitsplatz zu finden,
- Einschätzung der Tätigkeit;
- Arbeitsmarktforschung: Regelmäßigkeit, Erkundungen;
- formulierte Lernziele: klar, aktuell, attraktiv.

1.4 Welche Beiträge können Studierende zur Qualitätssorge leisten?

Wir bemerkten bereits im vorigen Abschnitt, daß die Studierenden einen Nutzen von der guten Qualität der Lehre haben, denn es geht in der Tat um eine Investition in ihre Zukunft. Deshalb ist es den Studierenden nicht gleichgültig, ob die Lehre Qualität besitzt oder nicht, und deshalb können sie mit Recht die Hochschulen ziemlich deutlich auf ihre Verantwortung ansprechen. Zunächst ist nämlich die Hochschule für die Verwirklichung von Qualität verantwortlich.

Im besten Fall haben die Hochschulen ein System für die Qualitätssorge, genauer gesagt: ein System von interner Qualitätssorge. Dieses System legt fest, auf welche Weise Daten über die Lehre von wem zu welchem Zeitpunkt erhoben werden, wer die Daten analysiert und dann publiziert. Schließlich wird auch bestimmt, wer die Beschlüsse faßt, wer verantwortlich ist für die Verbesserung von bestimmten Abschnitten in der Lehre und wer deren Umsetzung überwacht.

Die interne Qualitätssorge besteht zu einem wichtigen Teil aus der kontinuierlichen Beobachtung der Qualität der Lehre (monitoring), die ihrerseits Grundlage für zielgerichtete Evaluationen ist. In den Niederlanden wird die Bilanz wie angedeutet periodisch, extern ca. alle sechs Jahre überprüft. Das geschieht in Form der Selbstevaluation: Der Fachbereich oder die Fakultät beschreibt dann in einem Lehrbericht die eigene Lehrqualität. Die Ergebnisse der Selbstevaluation werden dann in der externen Qualitätssorge von Außenstehenden geprüft und beurteilt. Dies findet »vor Ort« statt: Externe Sachverständige besuchen die Fachbereiche und untersuchen die Qualität der Lehre sowie die interne Qualitätssorge und beurteilen deren Zweckmäßigkeit. Dabei benutzen sie auch die Lehrberichte der Fachbereiche.

In diesem Prozeß kann man als Studierende/Studierender zur Sicherung oder Verbesserung der Qualität der Lehre auf ganz unterschiedliche Weise beitragen. Wir werden drei Arten von Beteiligung besprechen.

Informationserhebung

Sowohl bei der internen als auch bei der externen Qualitätsevaluation (Besuch) werden die Studierenden um Informationen gebeten. Wenn evaluiert wird, sind die Studierenden nämlich meistens die wichtigste Informationsquelle. Die Informationen können durch Ausfüllen von Fragebögen, durch Teilnahme an Gruppenbesprechungen oder durch Beteiligung an Interviews gegeben werden. Auf diese Weise beurteilen die Studierenden verschiedene Aspekte der belegten Lehrveranstaltungen: die erreichten Ziele, die Präsentation durch die Lehrenden, die Studienleitfaden, die Reader etc. Im besten Falle werden diese Einschätzungen dazu verwendet, die Lehre weiter zu optimieren. Es ist nicht mehr als recht und billig, wenn die Studierenden später erfahren, welche Ergebnisse herausgekommen sind und welche Konsequenzen daraus gezogen werden; das jedoch ist leider noch lange nicht immer der Fall. Noch manches Mal werden die Daten tief in einer Schreibtischschublade verschwinden. Dennoch empfehlen wir, diese Evaluationen und ihre Konsequenzen aufmerksam zu verfolgen: Wo wird darüber berichtet und wo werden die Beschlüsse gefaßt; sind die Berichte oder Protokolle einzusehen?

Obwohl die Studierenden sich nahezu überall im Hochschulwesen an der Evaluation beteiligen und auf diese Weise ihre Steinchen zum Mosaik der Qualitätssorge beitragen, sind es doch meistens bescheidene Beiträge. Selbst wenn bestimmte Abschnitte im Lehrangebot eine ungenügende Beurteilung bekommen haben, ist es noch sehr fraglich, ob dies nach der Evaluation berücksichtigt wird – das Argument »Datenschutz« wird dann noch einmal bemüht, um weitere Einblicke zu verwehren (s. Kapitel 1.1). Doch kann es dem Fachbereich nicht einerlei sein, ob die Evaluation günstig oder ungünstig ausfällt. Denn wenn das eine um das andere Mal deutlich wird, daß bestimmte Abschnitte oder Aspekte schlecht beurteilt werden, wird das für die Hochschule in den meisten Fällen besorgniserregend sein. Die akademische Lehre ist nun einmal nicht mehr im Elfenbeinturm untergebracht. Dringen schlechte Nachrichten nach außen, so kann das insbesondere unter dem Gesichtspunkt der Finanzautonomie und der erfolgsorientierten Mittelzuweisung für den Fachbereich oder die Hochschule ernsthafte Konsequenzen haben. Die Hochschulen können es sich nicht erlauben, einen schlechten Ruf zu bekommen, so daß die Studentenzahlen zurückgehen. Somit hat schließlich auch die Hochschule einen finanziellen Nutzen, wenn sie Qualität abliefert, und es lohnt sich für sie, die Erfahrungen und Klagen von Studierenden ernstzunehmen. Ebenso tun auch Studierende gut daran, sich mehr um die Evaluationen zu kümmern und deren Ergebnisse kritisch zu verfolgen.

Die Lehrberichte für die externe Evaluation nehmen bei der Informationserhebung eine besondere Stellung ein, weil sie regelmäßig die eigene Lehre des Fachbereiches beschreiben und beurteilen. Da eine derartige Selbstevaluation allerdings nicht jährlich stattfindet, stellt sich umso mehr die Frage, ob die Studierenden damit noch während ihres eigenen Studiums in Berührung kommen. Ist das jedoch der Fall, so ist es eine Gelegenheit par excellence, um kritisch daran mitzuwirken. In jedem Fall ist es der Mühe wert, die Ergebnisse einer Selbstevaluation und des darauf ggf. folgenden Besuchs der Expertenkommission zu studieren, um festzustellen, was der Fachbereich bislang für die Qualitätssorge getan hat und wie die externen Experten dies beurteilen.

TIPS ZUR INFORMATIONSERHEBUNG

- Finden Sie heraus, worin die Ergebnisse der durchgeführten Evaluationen und ihre Konsequenzen bestehen.
- Finden Sie heraus, auf welche Weise die Qualitätssorge in Ihrem Fachbereich geregelt ist: wer ist wofür verantwortlich?
- Machen Sie von der Möglichkeit Gebrauch, Ihre Meinung bei der Selbstevaluation und beim Besuch der Expertenkommission mitzuteilen.

Beteiligung an Räten, Kommissionen und Arbeitsgruppen

Die Informationserhebung über die präsentierte Lehre ist meistens ein passiver und bescheidener Beitrag zur Qualitätssorge. Viel attraktiver und effektiver ist es, an Kommissionen, Arbeitsgruppen und Leitungsorganen beteiligt zu sein. Verschiedene Fachbereiche schätzen die Beteiligung von Studierenden. Ein Argument für die Teilnahme ist in der Tatsache zu sehen, daß Studierende über wertvolle Erfahrungen und Informationen verfügen, von denen der Fachbereich profitieren kann. Die Beteiligung an Räten und dergleichen bietet den Studierenden verschiedene Möglichkeiten, einen Beitrag zur Qualitätssorge zu leisten. Die Teilnahme von Studierenden beispielsweise an der Fachbereichskommission, die den Prozeß der Qualitätssorge organisiert, ist dafür ein sehr prägnantes Beispiel. Aber auch andere Formen der Mitwirkung sind denkbar: z.B. die Beteiligung an der Fachbereichskommission für Lehre oder der Lehrplankommission. Hier haben Studierende gute Möglichkeiten, das Curriculum zu diskutieren, indem z.B. darauf gedrungen wird, daß eine Evaluation durchgeführt oder Vorschläge für Verbesserungen vorgelegt werden. Am Ende des dritten Abschnitts haben wir eine Checkliste von Aspekten für die Prüfung der Qualität aufgelistet, die in diesen Gremien behandelt werden könnten. Man könnte auch Einsicht in die Organisation und die Durchführung der Qualitätssorge des Fachbereichs oder der Fakultät verlangen und z.B. fragen: wie häufig evaluiert wird; was mit den Resultaten geschieht; wer entscheidet und was in der Vergangenheit bereits für die Qualitätssorge getan worden ist, etc.? Die Studierenden können auf diese Weise eine nützliche und sinnvolle Arbeit zur Qualitätssteigerung leisten. Wenn das alles in guter Eintracht abläuft, werden beide Parteien (Studierende und Hochschullehrer) die Früchte ihrer Arbeit pflücken können – beide haben einen Nutzen von der Erhöhung der Qualität. Wir würden dann sagen können, daß der bessere Fachbereich dadurch gekennzeichnet ist, daß er die Studierenden zur Mitarbeit in Kommissionen etc. auffordert und ihren Beitrag ernstnimmt.

Nicht jede Beteiligung an der Fachbereichsarbeit wird übrigens in gleicher Weise gewürdigt werden. Das wird von Fachbereich zu Fachbereich unterschiedlich sein. Denn es ist zu prüfen, um wie viele Studierende es geht, um welche Kommissionen, ob es vielleicht Beschränkungen bei der Stimmenabgabe gibt. Wichtig ist weiterhin, auf welche Weise die Studierenden sich beteiligen. Mal kann es nur einzelne Studierende betreffen, die individuell ihr Votum abgeben. Mal sprechen sich die Studentenvertreter über ihren Beitrag mit Kommilitonen ab, so daß die Stimme mehr Gewicht bekommt. Schließlich hat auch die Unterstützung, die der Fachbereich dabei gibt, zusätzliches Gewicht in der Waagschale.

Im Hinblick auf die Studentenbeteiligung sind im Lauf der Jahre wechselnde Erfahrungen bekannt geworden. In verschiedenen Fakultäten und Fachbereichen scheinen Studierende wenig interessiert an Dingen, die nicht direkt mit ihren eigenen Studien zu tun haben. Doch gibt es demgegenüber auch Studierende, die weiter schauen wollen und gerne auf das Angebot des Fachbereichs zur Mitarbeit in den Räten, Kommissionen und den Arbeitsgruppen eingehen. Der Fachbereich kann dafür übrigens mehr Gründe haben als allein den, besser »informiert werden zu wollen«. So kann die Teilnahme von Studierenden aufgrund der Ausgangspunkte und Ziele des Fachbereichs für nötig erachtet werden: die Ermutigung nämlich, weiter als nur auf die eigenen individuellen Interessen zu blicken.

TIPS FÜR DIE MITWIRKUNG IN RÄTEN, KOMMISSIONEN ETC.

- Teilnahme in Leitungsgremien bietet interessante Möglichkeiten, um bei der Qualitätssorge für die Lehre mitzuwirken.
- Benutzen Sie die Checkliste von Abschnitt 1.3, um die Qualität der Lehre global zu beurteilen – mit dem Ziel, in den Gremien die Engpässe zu besprechen.
- Bereiten Sie die Zusammenkünfte der Kommilitonen vor.
- Kümmern Sie sich um die Unterstützung Ihrer Arbeit durch die Hochschule.

Durchführung von Aktionen

Neben der Informationserhebung und der Beteiligung an Kommissionen etc., können die Studierenden auch Aktionen starten, wenn sie meinen, daß in der Lehre die Qualitätsstandards nicht angemessen erfüllt werden. Zunächst können Studierende individuell Beschwerden einreichen. Wenn aber bestimmte Dinge Ihrer Meinung nach nicht korrekt gelaufen sind, ist es sicherlich auch sinnvoll zu überlegen, ob Aktionen gestartet werden sollten: Man könnte z.B. den Dozenten ansprechen und um eine Unterredung bitten. Ist die Antwort unbefriedigend, so könnte man sich in einem Brief schriftlich an den Fachbereichsrat oder andere Gremien wenden. Schließlich könnte man natürlich auch überlegen, ob man etwas, statt es allein zu tun, mit anderen Kommilitonen zusammen unternehmen soll.

Einen gesonderten Gesichtspunkt bilden die Rechte der Studierenden. Nicht alles, was wir im vorigen Abschnitt als gute Lehre beschrieben haben, hat rechtliche Relevanz für Studierende. Unser Blickwinkel war zunächst didaktischer, nicht juristischer Art. Was die juristische Seite betrifft, so geht es selbstverständlich um die gesetzlich fixierten Rechte, z.B. um den Zugang zum Studium und die Rechtsposition in Prüfungen. Auch bei den Abschlußprüfungen gelten bestimmte Rechte, so daß man, wenn nötig, Widerspruch einlegen kann.

Wenn man sich nicht auf individuelle Aktionen beschränken, sondern mit anderen Studierenden Aktionen unternehmen will, ergeben sich verschiedene Möglichkeiten: vom offenen Brief bis zur Erstellung eines Weißbuches etc. Im dritten und vierten Kapitel beschreiben wir die entsprechenden Möglichkeiten.

TIPS FÜR AKTIONEN

- Für Aktionen ist es nicht per se nötig, daß man eine Gruppe von Mitakteuren braucht, man kann auch allein Aktionen starten. Die Bündelung von Aktivitäten bietet meistens mehr Möglichkeiten.
- Als Studierende/Studierender verfügt man über eine Reihe von Rechten, was die Teilnahme an Studium und Prüfungen angeht. Bei Zweifeln tut man gut daran, den Kontakt zu anderen zu suchen (z.B. Dekan, Studentengruppen).
- Im dritten und vierten Kapitel findet man verschiedene Methoden und Verfahren zur Durchführung von Aktionen, um die Qualität der Lehre zu verbessern.

Die o.g. drei Arten studentischer Beteiligung an Qualitätssorge brauchen natürlich nicht ausschließlich einzeln gewählt, sie können auch kombiniert werden, was wahrscheinlich in der Praxis regelmäßig vorkommt. Die Mitwirkung an Kommissionen muß nicht bedeuten, daß die Studierenden andere Aktivitäten unterlassen.

In unserer bisherigen Darlegung war ein Aspekt unbehandelt, was möglicherweise zu Mißverständnissen führen kann. Üblicherweise nennen wir Beispiele von schlechter Lehre mit der damit verbundenen Vorstellung, daß es bei der Qualitätssorge allein um diese Art von Situationen gehen würde und darum, daß Studierende immer erst mitwirken würden, wenn die Lehre schlecht ist und direkt ihre eigenen Interessen betroffen sind. Diese Annahme ist, was uns angeht, nicht gerechtfertigt. Daß jedoch individuelle Interessen dabei ein Rolle spielen, verkennen wir nicht – es ist ehrlich gesagt auch nicht schlimm. Es geht jedoch um die Perspektive in die Zukunft, denn Lehrveranstaltungen werden im folgenden Jahr wieder angeboten, und niemandem ist mit der Wiederholung schlechter Lehre gedient. Die Aktionen der Studierenden können jedoch die Aufmerksamkeit von Fachbereich und Lehrenden für die Qualität von anderen Lehrveranstaltungen erregen und Fragen initiieren wie z.B.: Wie steht es in anderen Lehreinheiten und Studienabschnitten mit der Qualität von Readern und Prüfungen; ist dieser Einzelfall wirklich nur ein unglücklicher Zufall? Die Aufmerksamkeit der Studierenden für die Qualität der Lehre ist also nicht nur dann gerechtfertigt, wenn sie schlecht ist. Es geht vielmehr darum, ein Verständnis für die Qualität zu entwickeln, wobei gute Qualität i.d.R. bei Studierenden zu hoher Wertschätzung führt und das weitere Studium stimulieren kann, während schlechte Qualität selbstverständlich andere Maßnahmen erfordert.

Im allgemeinen ist es schwer vorherzusagen, inwiefern die Beiträge der Studierenden auch tatsächlich zu Verbesserungen führen. Häufig werden, aus welchen Gründen auch immer, die studentischen Aktionen abgelehnt. Demgegenüber gibt es aber auch andere Fälle, wo Studentenbeiträge sehr geschätzt und die Probleme zu jedermanns Zufriedenheit gelöst werden, und zwar insbesondere dann, wenn sie identifizierbar sind und für die Lösung auch finanzielle Mittel zur Verfügung stehen. Aber leider werden die Dinge nicht so häufig auf diese Weise angefaßt.

Kein Interesse für Problemstellungen

Zunächst müssen die Probleme erkannt werden. So stellt sich die Frage, ob der Fachbereich die von den Studierenden vorgebrachten Klagen und Probleme teilt? Im Beispiel »Evaluieren, wozu?« beschreiben wir den Fall, daß die von den Studierenden beobachteten Problemfälle geleugnet werden; denn es wird gesagt, daß die durchgeführte Evaluation nichts taugen würde. Das Resultat: es verändert sich nichts. Es besteht hier offensichtlich kein Klima, um offen über diese Dinge zu reden; für die Qualitätssorge besteht in der Tat kaum Verständnis. Das macht auch die Beschränkungen der möglichen Beiträge der Studierenden für die Qualitätssorge ziemlich deutlich.

Kein Interesse an Lösungen

Auch bei Übereinstimmung über Schwere und Art der Problemstellungen wird noch immer über die Lösungswege gestritten. Manchmal hat die gewählte Lösung nachteilige Folgen für die Studierenden (s. das Beispiel »Blinder Aktionismus« in Kapitel 1), manchmal ist die Hochschule nicht bereit oder imstande, die benötigten Mittel anzuwenden, denn Lösungsversuche kosten meistens auch Zeit und Geld.

Kein Interesse für die Durchsetzung von Verbesserungen

Schließlich kann es passieren, daß sowohl über die Probleme als auch über die Lösungen Einigkeit besteht, daß aber bei der Umsetzung des Lösungsansatzes unverhofft etwas schiefgeht. Ein Dozent scheint z.B. nicht in der Lage oder nicht bereit zu sein, mitzuarbeiten. Trotz aller guten Absichten des Fachbereichsrates, kommt es dann bedauerlicherweise doch nicht zu einer Verbesserung, und die Lehrveranstaltung wird auf nahezu die gleiche Weise wie im vorigen Jahr mit exakt den gleichen Folgen erneut angeboten.

TIPS FÜR DIE PROBLEMANGEMESSENE MITWIRKUNG

Kein Interesse für Problemstellungen

- Gehen Sie davon aus, daß es sich schließlich keine Hochschule erlauben kann, schlechte Lehre anzubieten.
- Es ist in jedem Fall wichtig, einen Wandel in der Lehrkultur herbeizuführen und die Aufmerksamkeit des Fachbereichs auf den Qualitätsaspekt zu lenken. Lenken Sie darum das Interesse auf die Tatsache, daß die Qualität der Lehre zu verbessern ist und daß bereits Unterschiede zwischen Dozenten und Fachgruppen bestehen.
- Wenn kein Interesse für die Probleme besteht, ist es wichtig, die erlebten Engpässe und Probleme gut zu inventarisieren und zu beschreiben. Beschränken Sie sich nicht auf ein paar Eindrücke, sondern spüren Sie die Tatsachen auf: was läuft, was geht schief. Vereinfacht ausgedrückt: Bescheidwissen durch Evaluation.
- Finden Sie heraus, auf welche Weise die interne Qualitätssorge im Fachbereich organisiert ist: wer erledigt auf diesem Gebiet welche Arbeiten? An wen muß man sich wenden, wenn es um diese Qualitätssorge geht. Stellen Sie fest, wo sich Studierende im Fachbereich vielleicht an den Beratungen beteiligen können. (z.B. im Fachbereichsrat)
- Versuchen Sie, im Fachbereich eine Gesprächsbereitschaft herzustellen und suchen Sie nach Lösungen. Gelingt es Ihnen aber nicht, ist es notwendig zu überlegen, ob die Sache veröffentlicht werden sollte? (offener Brief, Weißbuch)

Kein Interesse für Lösungen

- In diesem Fall hat eine gute Bestandsaufnahme ihren besonderen Wert. Untersuchen Sie die durchgeführte Evaluation und schalten Sie, wenn möglich, Außenstehende ein. (z.B. ältere Studierende oder Studierende aus anderen Studienrichtungen, die über andere Erfahrungen verfügen)
- Veranstalten Sie ein oder mehrere Treffen mit Studierenden und besprechen Sie mit ihnen die Erfahrungen. Notieren Sie die Resultate und senden Sie diese an die zuständigen Personen, Kommissionen und Gremien. Überlegen Sie, was Ihrer Meinung nach problematisch ist und wie die angesprochenen Beschwernisse überwunden werden können.
- Verfolgen Sie in jedem Fall die neue Präsentation der betreffenden Lehrveranstaltung und kümmern Sie sich, wenn nötig, um eine eigenständige Evaluation. Stellen Sie fest, inwiefern die zwischenzeitlich aufgespürten Engpässe bereits beseitigt sind.

Kein Interesse an der Durchführung von Verbesserungen

- Wenn deutlich wird, daß es nur bei Beschlüssen geblieben ist und daß es nicht zu deren Umsetzung kommt, ist es erforderlich, bei den zuständigen Personen oder Kommissionen vorzusprechen und auf die Lücken hinzuweisen.
- Finden Sie, wenn nötig, heraus, wer den Beschluß zur Verbesserung gefaßt hat und welche Vorschläge der enthält.
- Kümmern Sie sich um die Kontinuität und bleiben Sie auf der Hut, ob die zugesagten Verbesserungen auch umgesetzt werden.
- Werden diese Verbesserungen tatsächlich umgesetzt, dann müssen diese auch evaluiert werden. Das ist zuerst eine Aufgabe der Hochschule – wenn das aber nicht oder nur unzureichend geschieht, ist es ratsam zu eigenen Evaluationen überzugehen.

2. Evaluation: Allgemeine Gesichtspunkte

Die Evaluation ist ein grundlegendes Element bei einer gut organisierten Qualitätssorge. Bevor man aber tatsächlich daran geht, Informationen zu erheben, ist es zweckmäßig bei einigen Gesichtspunkten länger zu verweilen. Darum werden in diesem Kapitel folgende Fragen besprochen:

- Wann und warum ist es sinnvoll, daß Studierende selbst evaluieren?
- Worauf muß man bei Evaluationen stets achten?
- Auf welche Weise kann man abhängig von den verfolgten Zielen Informationen erheben?

2.1 Wann und warum ist es sinnvoll, daß Studierende selbst evaluieren?

Die studentische Evaluation stellt ein besonderes Kapitel dar. Selbstverständlich gilt, daß die Evaluation der erste Schritt im Prozeß der Lehrverbesserung ist. Aber, so müssen wir uns fragen, ist es eigentlich zweckmäßig, daß Studierende Evaluationen durchführen? Es ist schwierig, darauf eine kurze Antwort zu geben, weil die Situationen, in denen sich Studierende befinden und die Beiträge, die sie leisten wollen und können, sich sehr voneinander unterscheiden – ein einfaches Rezept gibt es deshalb nicht.

Unter Berücksichtigung der Möglichkeiten von Studierenden und deren Interessen, ergeben sich für die Studierenden drei Funktionen des Evaluierens, nämlich:

1. die Kennzeichnung von Problemen bezüglich der Qualität der Lehre,
2. die Diagnose der Problemlage, um die Lehre zu verbessern,
3. die Kontrolle darüber, ob die Hochschule ausreichende Überlegungen zur Qualitätssorge anstellt.

Die erste Funktion dient eher der Schaffung der nötigen Voraussetzungen. Dort, wo Studierende mit ihren Fragen, Problemen und Klagen keine Aufmerksamkeit bekommen, ist eine vorbereitende Aktion nötig, die die Aufmerksamkeit erregt. Denn die Evaluation selbst ist vornehmlich darauf gerichtet, Probleme zu kennzeichnen oder einen Überblick über die positiven und negativen Seiten eines Ausbildungsganges zu ermöglichen. Wir könnten das auch als Versuch zur Veränderung der Lehrkultur bezeichnen, eine Veränderung, bei der die Studierenden die Hochschule auf ihre Erfahrungen aufmerksam machen. Mit Hilfe einer Evaluation und darauf folgender Aktivitäten können den Lehrenden die Augen über den tatsächlichen Zustand geöffnet werden, so daß ein Klima entstehen kann, in dem Studierende mit ihren Problemen beachtet werden.

Evaluation als Kennzeichnung von Problemen, ist vor allem dann zweckmäßig, wenn in der Hochschule noch kein gutes Klima für die Qualitätssorge existiert; wenn also weder über die Qualität der Lehre gesprochen wird, noch die Bereitschaft dafür besteht, systematisch etwas daran zu ändern (s. »Flaschenhals-Fächer«; »Evaluation, wozu?« in Kapitel 1.1). In solchen Situationen ist das drängendste Problem, daß die Studierenden meist keinen Einfluß auf die Lehrqualität haben, ihre Meinung nicht gefragt ist. Es versteht sich von selbst, daß in diesem Fall die Evaluation den Zweck hat, die Bereitschaft zu wecken, der Lehrqualität mehr Aufmerksamkeit zu schenken. Das kann dadurch geschehen, daß das Thema »Lehrqualität« nachdrücklich ins Bewußtsein der Hochschule gerückt wird. In erster Linie wird dann die Evaluation darauf gerichtet sein müssen, zunächst nur einen Überblick, keine detaillierten Studien, über die Probleme, die Engpässe und Stärken des Ausbildungsgangs zu geben, über die mit den Dozenten diskutiert werden sollte. Mit anderen Worten: Die Evaluation muß die Funktion erfüllen, Diskussionen über die Qualität der angebotenen Lehrprogramme in Gang zu bringen; eine Diskussion darüber, was gewünschte und unerwünschte Lehre ist.

Die zweite Funktion ist die Bestandsaufnahme der Hintergründe und Ursachen der identifizierten Probleme. Die daraus gewonnenen Erkenntnisse können direkt zur Verbesserung der Lehre benutzt werden. Durch die Evaluation erhält man auch Erkenntnisse über die Aspekte, die wir im 1. Kapitel beim Thema »Präsentation des Lehrangebots« zusammengefaßt haben, nämlich: die Lehrpräsentation, die Methoden, die Gliederung, die Studienbelastung etc. Darüber hinaus können auch Gesichtspunkte des Curriculums und der Ausstattung der Lehre Thema von Evaluation sein: wie z.B. der Aufbau des Ausbildungsganges, die Studienförderung, die Räumlichkeiten. Auch da wird, so nehmen wir an, noch das eine oder andere zu verbessern sein. Die Evaluation des gesamten Curriculums finden wir dagegen für Studierende weniger interessant. Evaluation als Diagnose ist für Studierende besonders bedeutsam in Situationen, in denen Qualitätssorge zwar stattfindet, aber nicht so durchgeführt wird, daß dabei die studentischen Belange in Augenschein genommen werden (s. »Datenschutz« in Kapitel 1.1). In einer solchen Situation findet Evaluation in der Hochschule zwar statt, aber die Studierenden werden zu wenig oder gar nicht an der Durchführung beteiligt. Man erhebt zwar Daten, aber diese werden nicht veröffentlicht und gleichzeitig bleibt unklar, was mit ihnen geschieht. Die Studierenden müssen deshalb unbedingt dafür Sorge tragen, an der Qualitätssorge beteiligt zu werden.

Die dritte Funktion ist auf die Frage gerichtet, ob die Hochschule genügend auf die Qualitätssorge als System achtet: Wie man evaluiert; geschieht das auf solche Weise, daß Studierende ihre Kritik und Anmerkungen einbringen können; wie wird mit den Evaluationsergebnissen umgegangen; wie werden Studierende in die Evaluation einbezogen? Diese Funktion kann als die Evaluation der Evaluation durch die Hochschule bezeichnet werden.

Ob Studierende eine eigene Evaluation unternehmen, wird davon abhängig sein, ob bereits früher in der Hochschule Evaluationen durchgeführt wurden. In vielen Hochschulen wird bereits lebhaft evaluiert. Die Evaluation wird häufig auf Initiative der Lehrenden unternommen, die wissen wollen, ob sie in ihren Veranstaltungen noch etwas verbessern können. Vorlesungsbesuche und Prüfungsergebnisse können eine erste Informationsquelle sein – und ergänzt durch Gespräche mit Studierenden – kann das bereits ganz nützliche Erkenntnisse zu Tage fördern. Die Evaluationsaktivitäten der Lehrenden brauchen übrigens nicht immer mit dem übereinzustimmen, was die Hochschule mit der Evaluation bezweckt. Denn die Hochschule kann an anderen Dingen interessiert sein und von daher mit anderen Hypothesen evaluieren. Sie kann die Lehre kontinuierlich mit der Hilfe von Fragebögen evaluieren, und wenn es Gründe dafür gibt, kann das aber auch unregelmäßig geschehen.

Häufig sind Fachbereiche bereits seit Jahren eifrig bemüht, bestimmte Engpässe abzubauen. Aber es gelingt nur sehr mühsam, weil es dabei um ein verwickeltes Bündel von Faktoren geht. Außerdem haben die Hochschulen mit verschiedenen Beschränkungen zu kämpfen, und zwar nicht allein finanzieller Art. Ob die früher durchgeführten Evaluationen sachlich (valide, zuverlässig) und damit für Studierende verwendbar sind, ist eine Frage, die Aufmerksamkeit verdient – wir kommen darauf in Abschnitt 2.2. zurück. Bevor man ans Werk geht, ist es in jedem Fall zweckmäßig, die Empfehlungen zu berücksichtigen, die bereits früher, durch wen auch immer, bei Evaluationen gegeben worden sind. Wenn man auf bestimmte Engpässe stößt und vorher noch nicht evaluiert wurde, ergibt sich die Frage, ob man das gleich selbst tun soll. Das ist keineswegs selbstverständlich, denn die Evaluation ist zu allererst eine Aufgabe der Hochschule. Von daher ist in einem solchen Fall der nächste Schritt, mit der Hochschule, der Fakultät oder dem Fachbereich über die Durchführung einer Evaluation ins Gespräch zu kommen. Wir gehen selbstverständlich davon aus, daß die Evaluation wirklich notwendig ist! Wie es dann weitergeht, wird von Hochschule zu Hochschule verschieden sein, ja selbst von Fachbereich zu Fachbereich, jeweils abhängig von den Beiträgen, die von den Studierenden bereits in der Qualitätssorge geleistet wurden. Häufig werden die Engpässe leicht anzusprechen sein, weil das Verhältnis zwischen Lehrenden und Studierenden gut ist und eine große Offenheit besteht: ein gut funktionierender Fachbereichsrat kann dafür ein Indikator sein. Aber es kann auch anders kommen, und dann stellt sich die Frage, ob das Gespräch zwischen Studierenden und Lehrenden/ Leitung tatsächlich zu jedermanns Zufriedenheit verlaufen wird. In einem solchen Fall sollte man sich für eine studentische Evaluation entschließen.

Wichtig ist dann zu allererst festzustellen, um welche Engpässe es sich handelt, welche Bedeutung sie haben und ob Lösungen möglich sind. Diese Fragen bieten für sich schon beinahe das Material für eine Evaluation! Es fällt häufig schwer festzustellen, ob etwas nun normal genannt werden kann oder nicht bzw. wie ernst ein Engpaß, ein Schwachpunkt zu nehmen ist. Ist es z.B. normal, wenn die Teilprüfungsergebnisse erst vier Wochen nach den Teilprüfungen bekannt gegeben werden, so daß die weitere Studienplannung schwierig wird? Ist es normal, drei oder sogar vier Teilprüfungen an einen Tag ablegen zu müssen? Im ersten Kapitel haben wir ein Beispiel mit einem Flaschenhals-Fach beschrieben, bei dem die Studierenden Kontakt mit einem Nachbarfachbereich aufnahmen. Auch das ist sicherlich in der Startphase überlegenswert, schon allein um zu erkennen, was eigentlich normal oder außergewöhnlich ist. Auch der Kontakt mit anderen fachfremden Fachbereichen kann nützlich sein. Jedenfalls wird deutlich: In all diesen Fällen ist es, um eine Plattform für die Aktivitäten zu begründen, wichtig, die Kommilitonen und andere einzubeziehen.

Die Evaluation ist ein unabdingbares Glied im Verfahren zur Lehrverbesserung. Desungeachtet ist es keineswegs so, daß eine gut durchgeführte Evaluation von selbst zu einer besseren Lehre führt. Die Hochschulen sind träge Organisationen, bei denen Veränderungen meistens nur mühsam zustande kommen. Häufig ist das recht ärgerlich, so daß weiterführende Aktionen erforderlich sind. Manchmal ist einige Geduld vonnöten, weil die Hochschule mit bestimmten Einschränkungen zu kämpfen hat. Nicht immer ist deutlich, welche Ursachen schlechte Lehre genau hat. Außerdem kostet die Anregung von Veränderungen durchaus Zeit und Geld und beides ist in der niederländischen wie deutschen Hochschullandschaft nicht unbeschränkt vorhanden. Dies kann und darf selbstverständlich kein Freibrief sein, um alle Veränderungen zwar für zweckmäßig zu erachten, aber hinterher auf unbestimmte Zeit auszusetzen. Häufig sind im ersten Schritt kleine Verbesserungen möglich.

Die Studierenden sollten die Ergebnisse ihrer Aktionen gut verwalten und an ihre Nachfolger weitergeben. Es wäre nicht das erste Mal, daß man feststellen muß, daß bestimmte wünschenswerte Verbesserungen bereits vier Jahre vorher in den Beratungen des Fachbereichsrates ausführlich dargestellt wurden. Hochschulen machen das bereits seit Jahren mit und können mitunter sehr vergeßlich sein.

TIPS FÜR DIE STUDENTISCHE EVALUATION

- Qualitätssorge und damit Evaluation sind zunächst einmal Aufgaben der Hochschule selbst. Versuchen Sie deshalb zunächst, die Hochschule zu bewegen, ihre Verantwortung wahrzunehmen.
- Evaluation ist kein Ziel in sich, sondern erfüllt eine Funktion in der Qualitätssorge. Für die eventuelle Evaluation der Lehre durch Studierende selbst liegen die Funktionen in der direkten Verbesserung der Lehre, dem Initiieren der Diskussion über Lehrqualität und der Bereitstellung ausreichender Informationen für die Studierenden.
- Wo man Engpässe im Lehrangebot konstatiert, tut man gut daran:
  - ▶ festzustellen, ob es in der Hochschule bereits früher Überlegungen zu diesen Engpässen gegeben hat und ob früher evaluiert wurde;
  - ▶ wenn nötig Kontakt aufzunehmen, zu anderen Studierenden in Ihrer eigenen Hochschule oder anderswo, um die Engpässe auf ihre Bedeutung und Behebung hin zu analysieren;
  - ▶ die Hochschule, wenn ungenügende Informationen bestehen, zur Durchführung einer Evaluation zu bewegen, um Maßnahmen zur Verbesserung zu ergreifen;
  - ▶ erst danach eine Evaluation selbst zu beginnen.

2.2 Was muß man bei der Evaluation stets beachten?

Der Evaluationsprozeß besteht in der Regel aus einer Reihe von Schritten, die immer wieder an den Anfang zurückkehren. In Abbildung 1 ist ein Schema dargestellt, das die Schritte, die normalerweise in einer Evaluation gemacht werden, angibt:

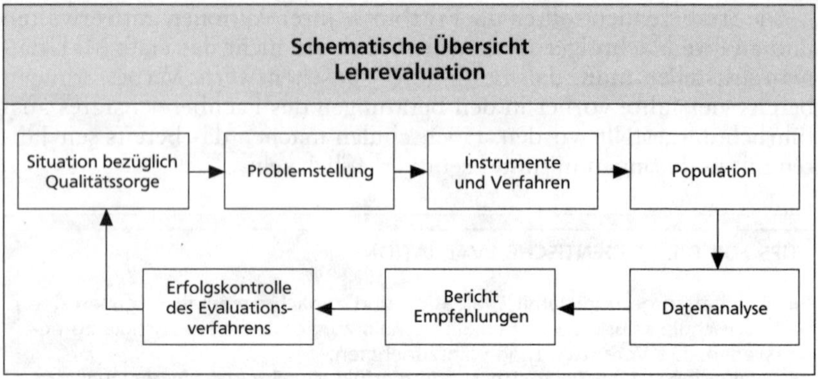

Abbildung 1: Schema der Lehrevaluation

Die Studierenden erkennen anhand dieses Schemas, ob die Ausführung des beabsichtigten Schrittes zum vorhergehenden paßt. Außerdem ist es wichtig, bei jedem Schritt die Frage zu stellen, ob dasjenige, was man unternehmen will, tatsächlich für diesen Schritt auch von Interesse ist.

Problemstellung: Was will man evaluieren?

Der Evaluationsprozeß beginnt selbstverständlich mit der Frage, was man in einer bestimmten Situation durch die Evaluation der Lehre erreichen will, denn was man evaluiert, ist abhängig vom angestrebten Ziel. In Abschnitt 2.1 sind drei Evaluationsfunktionen genannt:

1. die Kennzeichnung von Problemen, um die Diskussion über die Qualität der Lehre in Gang zu setzen;
2. die Diagnose der Problemlage, um die Lehre zu verbessern;
3. die Kontrolle darüber, ob sich die Hochschule ausreichend um die Qualitätssorge kümmert.

Abhängig von den gesteckten Zielen werden drei Gesichtspunkte und Fragenkomplexe angesprochen:

1. Der Anlaß zur Evaluation: Gibt es ein konkretes Problem, das in einer bestimmten Veranstaltung, bei einem Dozenten oder in Abschnitten des Studienprogramms lokalisiert werden kann? Ist dies ein allgemeines Problem für Studierende, bei dem noch unklar ist, wodurch es verursacht wird?
2. Die Elemente, auf die sich die Evaluation bezieht: Wie steht es mit der Präsentation der Lehre, dem Curriculum, der Ausstattung für die Lehre oder den Qualifikationen des Ausbildungsganges?
3. Die Personen, die evaluieren wollen: Sind es einzelne Studierende, eine Gruppe von Studierenden oder eine organisierte Studentengruppe?

Die Wahl von Zielen, Gesichtspunkten und Fragenkomplexen ist somit bestimmend für die Frage, was man evaluieren will und mit welchen Verfahren man dies tun kann.

Instrumente: wie kann man evaluieren?

Wie bereits angedeutet, können im großen und ganzen drei Evaluationsfunktionen unterschieden werden: 1) die Kennzeichnung von Problemen in der Lehre, 2) deren Diagnose und 3) die Kontrolle darüber, ob die Qualitätssorge adäquat organisiert wird. Dementsprechend sind drei Gruppen von Instrumenten und Verfahren zu unterscheiden:
1. kennzeichnende Instrumente
2. diagnostische Instrumente
3. Verfahren zur Kontrolle der Bemühungen um die Qualitätssorge.

Die Instrumente und Verfahren unterscheiden sich hinsichtlich der angestrebten Genauigkeit, der Art und Weise, Informationen zu erheben, und dadurch, wer befragt wird. Verallgemeinernd kann festgestellt werden, daß kennzeichnende Instrumente globale Informationen über das Lehrprogramm liefern mit dem einzigen Ziel, den Fachbereich auf das Thema Lehrqualität aufmerksam zu machen. Die auf Verbesserung orientierten diagnostischen Instrumente beabsichtigen vornehmlich, detaillierte Informationen auf Veranstaltungsniveau zu beschaffen. Die Verfahren, die diese Bemühungen insgesamt in Augenschein nehmen sollen, analysieren, ob die Qualitätssorge an der Hochschule ausreichend entwickelt ist.

Population: welche Ansprüche muß man an die Qualität der Informationen stellen?

Eine wichtige Entscheidung bei der Planung von Lehrevaluationen betrifft die Frage, welche Anforderungen man an die Qualität der Informationen stellt:
1. wer wird befragt (wie repräsentativ sind die Daten?);
2. welchen Qualitätsanforderungen müssen die Daten genügen (Zuverlässigkeit und Validität der Daten).

Je nachdem welche Ziele man mit der Evaluation verfolgt, werden unterschiedlich hohe Anforderungen an die Evaluationsdaten gestellt. In der Praxis bedeutet das, daß, je mehr diesbezüglich verlangt wird, auch die Daten einen höheren Grad an Repräsentativität, Zuverlässigkeit und Validität haben müssen. Die Zuverlässigkeit der Daten bezieht sich auf das Maß, in dem die Studierenden in ihrem Urteil miteinander übereinstimmen, also z.B. auf die Frage, wieviel Prozent der Studierenden eine ähnliche Meinung haben? Je nachdem welches Ziel mit der

Evaluation verfolgt wird, Lehrverbesserung oder Lehrkontrolle, besteht die Möglichkeit, daß der Wert der Evaluation durch die Lehrenden in Zweifel gezogen wird, weil die Daten für unzuverlässig gehalten werden. Im Prinzip könnte diese Überlegung zwar gerechtfertigt sein, aber gerade deshalb ist es wichtig, daß man vorab Maßnahmen ergreift, die die Zuverlässigkeit sicherstellen. In Kapitel 3 kommen wir darauf zurück.

Die Repräsentativität der Daten spielt bei der Zusammenstellung der Untersuchungsgruppe ebenfalls eine bedeutsame Rolle, weil sie ein Kriterium dafür ist, ob die tatsächlich erreichten Respondenten ein Spiegelbild für die gesamte Population sein können. Eine Befragung ist repräsentativ, wenn die Daten der Respondenten übereinstimmen mit den Daten der Gesamtpopulation. Die Lehrenden werden z.B. bei einer Lehrevaluation die Frage aufwerfen, ob unter den Respondenten nicht nur der kritische Teil der Studierenden vertreten ist. Soll also die Glaubwürdigkeit nicht bezweifelt werden, muß man eine gleichgewichtige Struktur in der Untersuchungsgruppe mit einer möglichst niedrigen Ausfallquote anstreben.

Die Validität der Daten ist für die Frage bedeutsam, ob die zusammengetragenen Daten für die Zielstellung, für die sie erhoben wurden, geeignet sind. Wenn man z.B. sehr detaillierte Informationen über die Mängel in bestimmten Veranstaltungen bekommen will, kann man sich nicht darauf beschränken, die Studierenden zu fragen, ob die betreffenden Lehrenden ausreichend motiviert sind. In diesem Fall sind auch Erkenntnisse über die Qualität des Veranstaltungsmaterials, der Lehrpräsentation, der Studienführer, des Studienaufbaus, der Studienbelastung etc. erforderlich.

Daten-Analyse: wie sind die Daten zu verarbeiten?

Bei der Daten-Analyse kann zwischen der Aufbereitung der Daten und der eigentlichen Analyse des Materials unterschieden werden. Die Ergebnisse von Beobachtungen, Interviews und Fragebögen können codiert und müssen während der Aufbereitung zu einem Datenbestand zusammengeführt werden.

Ein anderer wichtiger Aspekt bei der Daten-Analyse berührt die Frage, ob die gewünschten Analysen auf der Grundlage des vorhandenen Materials tatsächlich ausführbar sind. Bei den Evaluationen werden häufig Vergleiche zwischen Lehrenden und Fächern gemacht. Das impliziert allerdings, daß die verwendeten Softwareprogramme auch Möglichkeiten dazu anbieten. In der Praxis kommt es darauf an, daß das Instrumentarium für die Gesichtspunkte, über die Vergleiche oder Differenzierungen angestellt werden sollen, auch Codierungen ermöglicht. So kann man z.B. in den Fragebögen von den Studierenden die Veranstaltungsnummern oder Basisdaten wie Lebensalter und Geschlecht angeben lassen oder um fachliche Anmerkungen bitten. Zusammengefaßt heißt das, daß man von vornherein mit den Beschränkungen rechnen muß, die dem Auswertungsverfahren inhärent sind und mit denen die Daten verarbeitet werden. Außerdem müssen diese vorab daraufhin überprüft werden, ob die gewünschten Analysen tatsächlich möglich sind. Schließlich ist es wichtig, daß ein für jedermann zugängliches Archiv aufgebaut wird.

Bericht und Empfehlungen: Von Daten zu Taten

Für einen Evaluationsbericht oder den Konsumentenleitfaden ist es von Bedeutung, daß alle Entscheidungen, die während der Untersuchung getroffen werden, beschrieben und begründet werden. Dafür kann die schematische Übersicht in Abbildung 1 benutzt werden. Im Bericht sollen Fragen zur Sprache kommen wie: was war die ursprüngliche Problemstellung; ist diese im Laufe der Evaluation bestätigt worden; welche Verfahren wurden gewählt und warum; wer wurde befragt; welche Analysemethoden sind angewandt worden und welche Schlüsse werden aus den Resultaten gezogen? Um diese Fragen adäquat beschreiben zu können, ist es nützlich, während der einzelnen Etappen Notizen zu machen.

Kontrolle: wie geht es weiter?

Nach der Veröffentlichung eines Evaluationsberichtes oder nach dem Erscheinen eines Konsumentenleitfadens, beginnt die Phase, in der darauf geachtet werden muß, daß die Ratschläge von den Lehrenden umgesetzt werden. Eine solche Kontrolle kann selbstverständlich stattfinden, indem Diskussionen folgen und entsprechende Beschlüsse in den Kommissionen oder anderen Verwaltungsgremien gefaßt werden. Außerdem kann von Interesse sein, auf der Basis der erlangten Einsichten über die Stärken und Schwächen eines Lehrprogramms erneut eine Lehrevaluation durchzuführen. Daran, daß z.B. im nachfolgenden Jahr die gleiche oder eine verbesserte Version von Fragebögen benutzt wird, kann man bereits erkennen, inwieweit die Kritik beachtet oder die Qualität verbessert wurde.

TIPS ZUR REALISIERUNG EINES ADÄQUATEN EVALUATIONSVERFAHRENS

- Machen Sie eine Checkliste, in der die einzelnen Schritte aufgeführt sind.
- Machen Sie vorab eine Zeitplanung. Kontrollieren Sie (14tägig) den Fortschritt, treffen Sie Absprachen und kontrollieren Sie diese.
- Weisen Sie Personen ein, die für bestimmte Aktivitäten verantwortlich sind, so daß im Verfahren nicht jeder für alles eine geteilte Verantwortlichkeit hat.
- Kontrollieren Sie zwischenzeitlich, ob die Evaluation in dieser Weise noch zweckmäßig ist, kontrollieren Sie mit anderen Worten, ob sich die Probleme wischendurch nicht von selbst gelöst haben.

3. Evaluation: Verfahren, Methoden und Instrumente

In diesem Kapitel beschreiben wir eine Reihe von Instrumenten und Verfahren, die man zur Erhebung von Daten und Informationen benutzen kann. Einige davon sind einfacher anzuwenden als andere; einige erfordern viel Organisationstalent, andere weniger.

Die Instrumente und Verfahren können in drei bereits bekannte Gruppen gegliedert werden:

- kennzeichnende Instrumente
- diagnostische Instrumente
- Verfahren zur Beurteilung der Qualitätssorge.

Wir weisen darauf hin, daß die beschriebenen Instrumente und Verfahren auch in einer mehr strategischen Weise angewandt werden können, insofern sie nicht allein die Funktionen erfüllen, für die sie ursprünglich gedacht sind, sondern auch im Rahmen solcher Strategien benutzt werden können, die mit ihrem eigentlichen Verwendungszweck nichts zu tun haben. Sie können in dieser Weise sowohl von den Studierenden als auch von der Hochschule oder den Lehrenden eingesetzt werden.

In den Hochschulen können die Studierenden mit zwei häufig anzutreffenden Strategien konfrontiert werden. Die erste ist die »Aufschubstrategie«. Indem eine Untersuchung oder eine Evaluation durchgeführt wird, wird die Aufmerksamkeit oft von der ursprünglichen Problematik abgelenkt. Die Evaluation führt dann zum Aufschub oder sogar zur Beendigung des Problemlösungsversuchs. Der Aufschub wird mit dem Hinweis gerechtfertigt, daß erst die Evaluationsresultate abgewartet werden müssen, bevor das Problem behandelt werden kann. Im schlimmsten Fall wird, wenn erst einmal die Resultate verfügbar sind, die Qualität der Resultate angezweifelt und diese z.B. für nicht brauchbar oder nicht repräsentativ gehalten. Diese Argumentation kann dann schließlich dazu führen, daß die erkannten Probleme nicht beseitigt werden. Die zweite Strategie, die »Süßholzstrategie«, ist darauf gerichtet, daß die Studierenden möglichst nicht selber evaluieren. Die Hochschulen benutzen in diesem Fall Argumente wie: »Wir evaluieren doch bereits« oder »Ihr stört mit eurer Evaluation den Prozeß der Qualitätssorge, den wir selbst in Gang gesetzt haben« oder »Ihr verursacht mit euren Fragebögen nur Befragungsmüdigkeit«.

Auch die Studierenden können die Instrumente strategisch anwenden. Die wichtigste Form des strategischen Einsatzes beruht lediglich auf der Tatsache, daß die Studierenden die Absicht artikulieren zu evaluieren, oder es tatsächlich auch tun. Eine studentische Evaluation wird zur Folge haben, daß die Lehrenden aufmerksamer werden oder den studentischen Interessen mehr Beachtung schenken.

Zusammengefaßt kann danach festgestellt werden, daß die Instrumente auf zweierlei Weise Anwendung finden können, nämlich zielgerichtet (kennzeichnend, diagnostizierend oder kontrollierend) oder strategisch (Aufschub, Süßholz oder Aufmerksamkeit erregen).

3.1 Kennzeichnende Instrumente

Die erste Gruppe umfaßt Methoden und Instrumente mit einem kennzeichnenden oder handlungsorientierten Charakter. Sie verfolgen meistens die Absicht, mehr oder minder globale Informationen über die Lehre bereitzustellen. Sie können helfen, bestimmte Aktionen zu unternehmen: z.B. solche, die auf eine Veränderung der Lehrkultur abzielen oder darauf, die Aufmerksamkeit auf die Beobachtungen und Klagen zu lenken, die Studierende über das Lehrprogramm machen, oder darauf, stärker in die Evaluation, die an der Hochschule stattfindet, einbezogen zu werden. Die meisten Methoden und Instrumente sind hinsichtlich der Spezifität und der Qualität der Informationen nicht umfassend. Sie sind dann im Prinzip auch *nicht* geeignet, Anhaltspunkte für spezifische Lehrverbesserungen zu generieren. Ausnahmen hiervon sind das Sorgentelefon und der Kummerkasten. Diese können außer allgemeinen Beschreibungen auch sehr detaillierte Informationen über die Hindernisse in der Lehre liefern.

3.1.1 Der Lehrpreis

Ziel

Die erste Erkundung der (Un)möglichkeiten der Evaluation kann durch die Anwendung eines sehr einfachen Instruments gemacht werden: den Lehrpreis. Er ist vor allen Dingen für Situationen geeignet, in denen Studierende auf die eine oder andere Weise Diskussionen über die Lehrqualität stimulieren wollen und bei denen das Verhältnis zwischen Lehrenden und Studierenden als recht gut zu bezeichnen ist. Der Lehrpreis (s. Abbildung 2) hat die Absicht, eine Rangordnung zwischen Dozenten, Fächern oder Arbeitsformen herzustellen.

Lehrpreis Beispiel eines Fragebogens	
Dozenten:	
Nennen Sie die drei besten Lehrenden in dem von Ihnen gewählten Fach	1. ________ 2. ________ 3. ________
Fächer/Veranstaltungen:	
Nennen Sie die drei besten Fächer/Veranstaltungen, die Sie im vergangenen Jahr besucht haben	1. ________ 2. ________ 3. ________

Abbildung 2: Fragebogenbeispiel für Lehrpreis

Wie wird das Instrument konzipiert?

Der Lehrpreis wird aufgrund der Ergebnisse eines Fragebogens vergeben, in dem global nach dem besten Dozenten oder dem besten Fach gefragt wird. Er enthält je Fach, Lehrenden, etc. eine Frage des Typs »Nennen Sie die drei besten ... des von Ihnen gewählten Fachbereichs«.

Gefragt werden könnte z.B.:

- Nennen Sie die drei besten Lehrenden des von Ihnen gewählten Fachbereichs,
- nennen Sie drei Fachgruppen, die sich im vergangenen Studienjahr am meisten um die Lehre gekümmert haben,
- nennen Sie die drei interessantesten Fächer/Veranstaltungen, die Sie im vergangenen Jahr belegt haben,
- nennen Sie die drei besten Praktikumsdozenten des von Ihnen besuchten Fachbereichs.

Für jede Frage wird eine Häufigkeitsverteilung erstellt. Den drei meistgenannten Fächern, Veranstaltungen, Lehrenden etc. wird der Preis dann überreicht.

Wer wird befragt?

Der Fragebogen wird z.B. in der Mitte oder am Ende des Studienjahres im Fachbereich anonym ausgeteilt. Dabei versucht man, ihn an so viele Studierende aller Jahrgänge wie möglich zu verteilen. Diese werfen dann den ausgefüllten Fragebogen in einen in der Hochschule an zentraler Stelle aufgestellten Briefkasten, und nach einigen Wochen werden die Ergebnisse in der Hochschul- oder Studentenzeitung vorgestellt.

Beachtenswertes

Abhängig von der Atmosphäre im Fachbereich kann die Betonung auf der Stimulierung guter Lehre oder auf der Bestrafung schlechter Lehre liegen. Im ersten Fall werden in den Fragebogen nur Items über die »beste Lehrveranstaltung« oder den »besten Lehrenden« aufgenommen. Die Preisverleihung sollte in diesem Fall einen unterhaltsamen oder festlichen Charakter haben und ggf. unter Beteiligung der Lehrenden und der Fachbereichsleitung stattfinden. In jedem Fall erhalten nur die guten Lehrenden eine Belohnung, und niemand wird in negativer Weise hervorgehoben.

Ein Lehrpreis ist mit einem Literaturpreis vergleichbar. Für die Betreffenden, die ihn bekommen, ist es angenehm und noch angenehmer wird es, wenn das auch bekannt gemacht wird. In der Fakultät für Medizin der niederländischen Universität Limburg wurde z.B. durch eine Studentenvereinigung jahrelang das »Goldene Teesieb« (nach der Studentenzeitung benannt) an den besten Dozenten und die beste Fachgruppe vergeben. Das ging mit dem üblichen Zeremoniell einher, in das auch die Lehrenden einbezogen waren. Außerdem wurde in der Studentenpresse ein ausführlicher Bericht über die Aufsteiger und Absteiger gegeben und darüber, welche Lehrenden mit einer Punktenotierung aufgestiegen waren und welche in der Notierung nicht mehr vorkamen. Als Reaktion auf das »Goldene Teesieb« ergriffen einige Lehrende die Initiative und überreichten ihrerseits dem in Lehrveranstaltungen aktivsten Studierenden den »Silbernen Kaffeefilter«.

Der Lehrpreis hat eine strategische und eine kennzeichnende Funktion, denn einerseits wird der Empfang als Ehre angesehen, andererseits eröffnet die Verleihung eines Lehrpreises die Möglichkeit, über die Qualität eines Ausbildungsganges zu diskutieren, und signalisiert außerdem, daß sich Studierende von dem Lehrprogramm angesprochen fühlen. Ein zusätzlicher Vorteil dieser Methode ist, daß große Gruppen von Studierenden für Evaluation und Lehrqualität interessiert werden können. Die Studierenden werden genau so neugierig auf die Ergebnisse für die Vergabe des Lehrpreises sein wie die Lehrenden. Das Instrument ist allerdings in seiner Aussagekraft insofern beschränkt, als die Rangordnung keine Hinweise über die Qualität der Lehrenden oder der Veranstaltung als solche bietet. Ein niedriger Rangplatz für eine Veranstaltung bedeutet nicht, daß ernsthafte Mängel in der Qualität der Veranstaltung oder des Faches bestehen.

Über den Lehrpreis hinaus kann man auch erwägen, einen »Zitronenpreis« zu verleihen. In diesem Fall werden neben den Preisen für gute Lehrende Trostpreise an weniger glückliche verliehen. Die Verleihung dieses Preises kann für den Fall angezeigt sein, daß die Atmosphäre am Fachbereich entweder außerordentlich gut oder außerordentlich schlecht ist. Im ersten Fall verläuft die Verleihung in einer angenehmen Atmosphäre, die deutlich macht, daß man es eigentlich nicht so ernst nimmt. Im letzteren Fall kann auch ein Zitronenpreis kaum noch Schaden anrichten, denn man hat nichts zu verlieren, und möglicherweise eröffnet diese Konfrontation einen Weg für neue Gespräche mit dem Fachbereich.

3.1.2 Die Beobachtung der Lehrpräsentation

Lehrbeobachtung
Beispiel für einen Fragebogen

Fächer/Lehrveranstaltungen	Randziffern Qualität	Empfehlenswert? Ja/Nein
1. ________________	________	________
2. ________________	________	________
3. ________________	________	________
4. ________________	________	________
5. ________________	________	________
6. ________________	________	________
7. ________________	________	________

Abbildung 3: Fragebogenbeispiel für eine Beobachtung der Lehrpräsentation

Ziel

Ein zweites Instrument ist die Beobachtung der Lehrpräsentation (s. Abbildung 3). Sein Zweck ist es, einen globalen Vergleich zwischen Lehrenden oder Fächern zu ermöglichen. Diese Vergleiche sollten in einer Hochschulzeitung oder einem Evaluationsbericht publiziert werden. Bei diesem Verfahren werden die Studierenden gebeten, in einem Fragebogen eine Rangziffer für eine Reihe von Fächern zu vergeben, die sich auf die Qualität des Faches als solches (die Frage wird dann nicht näher ausgeführt) oder auf Teilaspekte der Lehre (Instruktivität, Organisation, Qualität der Prüfungen, gebrauchte Literatur, Qualität des Dozenten) beziehen kann. Neben der Aufforderung, Rangziffern zu vergeben, können eventuell noch einige offene Fragen gestellt werden.

Wie wird das Instrument konzipiert?

Die Beobachtung der Lehrpräsentation erfolgt auf der Grundlage eines Fragebogens mit einigen fachbezogenen Fragen. Im großen und ganzen können drei Wege beschritten werden, um Fragen für die Lehrbeobachtung aufzustellen.

1. Stellen Sie Fragen zu den Sachverhalten, die von den Studierenden als störend oder unerwünscht erlebt werden. Mit anderen Worten: Fragen Sie nach der Kritik, die die Studierenden am Fach üben.
2. Stellen Sie Fragen wie z.B. »Würdest du diesen Ausbildungsgang anderen Studierenden *empfehlen* (ja, eventuell, nein)?« oder »Vergib eine *Rangziffer* für dieses Fach, den Dozenten oder den Ausbildungsgang«.
3. Fragen Sie nach den Empfehlungen, die die älteren Studierenden den jüngeren Studierenden im Hinblick auf ihr Fach geben würden.

Stellen Sie maximal vier Fragen pro Fach, beispielsweise: 1) Rangziffer im allgemeinen, 2) Empfehlungen: ja/eventuell/nein?, 3) Rangziffer für Prüfungen, 4) eventuelle Kritik oder Anmerkungen.

Wer wird befragt?

Der Fragebogen wird z.B. in der Mitte oder am Ende des Studienjahres in der gesamten Hochschule anonym ausgeteilt. Versuchen Sie, ihn an so viele Studierende aller Jahrgänge wie möglich zu verteilen. Die Studierenden werfen den Fragebogen dann in einen zentral aufgestellten Briefkasten. Nach einigen Wochen werden die Ergebnisse in der Hochschul- oder Studentenzeitung veröffentlicht.

Beachtenswertes

Die Beobachtung der Lehrpräsentation verschafft lediglich globale Informationen über die Qualität des Lehrangebots. Nichtsdestoweniger kann sie im Vergleich zum Lehrpreis mehr leisten. Die Lehrbeobachtung eignet sich nämlich dafür, Fächer nach verschiedenen Kriterien in eine Rangfolge zu setzen. Man kann eine Rangfolge auf der Basis von Rangziffern oder nach Umfang und Art der Kritik je Fach aufstellen. Auf diese Weise entsteht ein etwas differenzierteres Bild von der Qualität des Fächer- und Lehrveranstaltungsangebots. Das bedeutet allerdings auch, daß die erhobenen Informationen für den betroffenen Lehrenden personenbezogener ausfallen.

Die Ergebnisse der Beobachtung der Lehrpräsentation oder der Lehrpreisverleihung können in einem Zeitungsartikel oder Jurybericht vorgestellt werden. Dabei sollte deutlich werden, daß die Evaluation insgesamt keineswegs bedrohlich zu sein braucht. Im Bericht kann eine Übersicht z.B. von den zehn am besten bewerteten Veranstaltungen oder Fächern gegeben werden. Diese Übersicht sollte mit einer Erklärung darüber versehen sein, weshalb gerade diese Veranstaltungen am höchsten bewertet wurden. Außerdem können auch Vergleiche mit vorherigen Evaluationen angestellt werden, indem auf die Aufsteiger ausdrücklich hingewiesen wird («auf Platz 8 vorgerückt«). Wichtig ist, daß die Berichte lesbar abgefaßt sind und dennoch die ermittelten Auffassungen der Studierenden seriös wiedergeben. Nach der Veröffentlichung der Ergebnisse in der Studentenzeitung muß man mit einer Reihe von kritischen Bemerkungen zu deren Qualität rechnen. An erster Stelle werden es solche zu der Frage sein, ob die Rangfolge bei der einen Frage bezüglich einer anderen Frage zu der gleichen Rangfolge geführt hat, und wenn nicht, wie das erklärbar ist? Zweitens wird es Bemerkungen geben, die sich auf die Perspektive beziehen, aus der die Studierenden die Rangziffern vergeben haben. Der eine Student hat es vielleicht lediglich für bedeutsam gehalten, daß eine objektive und ehrliche Prüfung abgenommen wird und gab aus dieser Perspektive eine Rangziffer, ein anderer legte vielleicht viel Wert auf die Motivation der/des Lehrenden. Beide Instrumente können nur eine erste Erklärung zum Urteil der Studierenden über das Lehrangebot im allgemeinen geben. Die Frage nach den dahinterliegenden Motiven ist aber, bezogen auf die Zielstellung dieser Evaluationsform hier noch kein Thema. Die Verfahren dienen, wie gesagt, ausschließlich dem Ziel, eine erste Diskussion über die Lehre in Gang zu bringen.

3.1.3 Der Konsumentenleitfaden

Konsumentenleitfaden Beispiel für seine Gestaltung	
Veranstaltungstitel	: ______________________
Dozent/Dozentin	: ______________________
Lernziel	: ______________________
Aufbau	: ______________________
Literatur	: ______________________
Beurteilung	: ______________________
Studienbelastung	: ______________________
Überschneidungen und Bezug zu anderen Fächern	: ______________________

Abbildung 4: Beispiel für die Gestaltung eines Konsumentenleitfadens

Ziel

Der Konsumentenleitfaden enthält von den Studierenden erhobene Informationen über das Geschehen in den Lehrveranstaltungen (wie z.B. über die didaktischen Qualitäten der Lehrenden, die benutzte Literatur, den Schwierigkeitsgrad, die Relevanz etc.). Solche Leitfaden erfüllen neben ihrer informierenden Funktion für Studierende häufig auch die Rolle von »Eisbrechern« für Qualitätsdiskussionen in den Hochschulen. Abgesehen von der Tatsache, daß neben der »offiziellen« Information, wie sie in den Studienführern zu finden ist, auch Informationen über die Lehrpräsentation vor Ort veröffentlicht werden, führt dies häufig dazu, daß automatisch und, ohne Aufsehen zu erregen, eine Reihe von Verbesserungen in der Lehre eingeführt werden. Jedenfalls haben nur wenige Lehrende das Bedürfnis, negative Mitteilungen über ihre Veranstaltungen publiziert zu sehen.

In den Niederlanden erschien der erste Leitfaden dieser Art 1988 an der TU Delft: der sogenannte »Méér-dan-Consumentengids«. Dieser Leitfaden enthielt Informationen über eine große Anzahl von Veranstaltungen an der TU Delft. Anhand einer Reihe von Standardkategorien wurden kurze Beschreibungen über die Veranstaltungen gegeben. Der Leitfaden wollte nützliche Hinweise über den Ablauf und die Qualität des Lehrangebots von und für die Studierenden bereitstellen. Beurteilungskategorien waren z.B.: die benutzte Literatur, die Prüfungen, die Qualitäten der Lehrenden. Sie wurden von einem oder mehreren Studierenden erhoben, die die betreffende Veranstaltung belegt hatten. Man könnte in diesem Fall von strukturierten, anhand einer Reihe von globalen Kategorien durchgeführten Beobachtungen sprechen.

Wer wird gefragt?

Der Wert des Konsumentenleitfadens ist von der Anzahl der Fächer und Veranstaltungen, die im Leitfaden beschrieben werden, sehr abhängig. Versuchen Sie deshalb, so viele Veranstaltungen eines Fachbereichs wie möglich in den Leitfaden aufzunehmen. Lassen Sie mindestens zwei Studierende anhand eines vorher entwickelten Schemas (z.B. Abbildung 4) unabhängig voneinander ihre Beobachtungen notieren, so daß danach eine einheitliche Veranstaltungsbeschreibung erarbeitet werden kann.

Wie wird der Leitfaden zusammengestellt?

Das Zusammenstellen eines Konsumentenleitfadens ist mit der Produktion einer Zeitung vergleichbar. Das bedeutet in der Praxis, daß man Redakteure auswählen muß, die selbstverantwortlich arbeiten. Außerdem müssen studentische Korrespondenten angeworben werden, die die Fächer, über die berichtet wird, in ihrer ganzen Breite selbst studiert haben. Diese sind verantwortlich für eine sorgfältige Informationsvor(auf)bereitung. In der Praxis ist vielfach nur ein Korrespondent verfügbar. Das kann die Zuverlässigkeit und die Repräsentativität der Informationsbeschaffung beeinträchtigen (s. Kapitel 2.2). Auch Korrespondenten sind beispielsweise nicht frei von Vorurteilen. Eine wichtige Faustregel ist, daß *ein* Korrespondent *kein* Korrespondent ist. Darum ist es bei der Erarbeitung eines Konsumentenleitfadens wichtig, daß je Veranstaltung mehrere Korrespondenten zur Verfügung stehen. Wenn dann aber von einer Veranstaltung verschiedene Beschreibungen vorliegen, werden die Redakteure sich fragen müssen, wie der definitive Text für die Veranstaltungsbeschreibung aussehen soll. Seine Erarbeitung kann z.B. in einer redaktionellen Plenarrunde geschehen. Wenn die verschiedenen Beschreibungen zu stark voneinander abweichen, muß man die betreffenden Studierenden zu einer Redaktionssitzung einladen.

Im Leitfaden müssen die Lehrveranstaltungen stets in vergleichbarer Weise und in gleicher Ausführlichkeit beschrieben werden. Eine Inhaltsübersicht ist dabei unentbehrlich, denn das vereinfacht das Suchen nach einer bestimmten Lehrveranstaltung. Neben einer Gliederung nach Fächern kann auch eine kurze systematische Gliederung (Arbeitsform, Studienbelastung, Themen etc.) nützlich sein. Es ist in jedem Fall notwendig, daß im Bericht zwischen Information und den Urteilen von Studierenden deutlich unterschieden wird.

Beachtenswertes

Der Konsumentenleitfaden hat verschiedene Funktionen. Die wichtigste ist die Informationsvermittlung an die Studierenden (Hilfe bei der Wahl von Fächern) und das Ingangbringen von Diskussionen über Lehrqualität. Im ersten Fall können Studierende zielbewußter aus dem Angebot eine Auswahl treffen. Das bedeutet in der Praxis, daß Studierende mit ihren »Füßen abstimmen«. Schlecht beurteilte Veranstaltungen werden wahrscheinlich auch weniger Studierende anziehen. Das wird sehr schnell auch dem Dekan klar werden. Mit anderen Worten: die Informationsvermittlung an die Studierenden hat den Nebeneffekt, daß in deren Wahlverhalten auch Qualitätsunterschiede in der Lehre sichtbar werden können. Zudem wird der Hochschulleitung deutlich gemacht, welche Fächer und Veranstaltungen gut oder nicht so gut beurteilt werden und welche Gesichtspunkte Studierende dabei vorbringen. Schließlich macht es die Veröffentlichung des Leitfadens möglich, daß die Studierenden in Fachbereichskommissionen mehr Mittel in die Hand bekommen, um die Lehrenden auf gewünschte und unerwünschte Erscheinungen in der Lehre aufmerksam zu machen. Die Erfahrung hat gelehrt, daß dies ein sinnvoller Beitrag für die Diskussion über die Qualität des Lehrangebots sein kann.

Ein wichtiger Nachteil des Konsumentenleitfadens ist darin zu sehen, daß die Kenntnisse über außergewöhnliche Fächer und Veranstaltungen notwendigerweise beschränkt sind. Notgedrungen bleibt es häufig bei der Feststellung, daß etwas falsch läuft, ohne daß besprochen wird, wie die Lehre verbessert werden kann. Dieser Leitfaden ist typischerweise ein Produkt, das in erster Linie die Dozenten auf die Lehrqualität aufmerksam machen soll. Er verlangt Folgeaktivitäten, mit denen noch detaillierter das Lehrprogramm betrachtet wird. Schließlich weisen wir darauf hin, daß das Erstellen eines solchen Leitfadens seinen Machern viel Energie abverlangt. Für den Erfolg eines solchen Unternehmens ist das Bemühen um eine gute Verbreitung, durch die auch die Produktionskosten abgedeckt sein müssen, von hoher Wichtigkeit. Man muß deshalb sowohl kaufmännische Überlegungen anstellen als auch den Nutzen gegen die Kosten abwägen (Aufwand plus benötigte finanzielle Mittel).

TIPS FÜR DIE AUFSTELLUNG DER »LEHR-TOP-VIERZIG«, DER LEHR-BEOBACHTUNG UND DES KONSUMENTENLEITFADENS

- Versuchen Sie die Plattform für eine solche Evaluation zu vergrößern, indem Sie von Anfang an Dozenten und/oder die Leitungsebenen an der Konstruktion und Verteilung und dem Bericht beteiligen.
- Das vollständige Kursangebot braucht nicht evaluiert zu werden. Die Bedeutung einer solchen Evaluation liegt in der Veröffentlichung der Resultate, ein verhältnismäßig umfassendes Lehrangebot und die Vergleichbarkeit der Ergebnisse.
- Streben Sie keine Vollständigkeit darin an, die Lehre in all ihren Details evaluieren zu wollen. Das Sammeln von Informationen über die Planung der Veranstaltung, die Instruktivität, die Beiträge des Dozenten, die benutzte Literatur und darüber, ob die Prüfungen ausreichend sind.
- Präsentieren Sie die Resultate so sachlich wie möglich. Lassen Sie die Resultate für sich sprechen, ohne daran weitreichende Schlußfolgerungen zu knüpfen.

3.1.4 Das Sorgentelefon und die kritische Bestandsaufnahme charakteristischer Studiensituationen

Im vorigen Abschnitt sind Instrumente oder Methoden beschrieben worden, die mehr oder minder großflächig eingesetzt werden. Diese Methoden haben nur dann eine Erfolgschance, wenn ihr Einsatz gut organisiert ist und wenn eine verhältnismäßig große Anzahl von Studierenden in die Durchführung miteinbezogen ist. Aber auch in kleinen Schritten kann man die Aufmerksamkeit auf die Lehrqualität lenken. In diesem Falle brauchen nur wenige Studierende bei der Durchführung beteiligt zu sein, so daß nur geringe Kosten entstehen, um einen Erfolg zu erzielen. Zwei solcher Methoden, die miteinander vergleichbar sind, sind das Sorgentelefon und die kritische Bestandsaufnahme von charakteristischen Studiensituationen.

Das Sorgentelefon

Ziel

Das Sorgentelefon ist eine Art »110-Telefonnummer«, unter der die Studierenden einer Kommission, Vereinigung oder der Initiative, die für und von Studierenden eingerichtet ist, ihre Kritik vortragen können. Die Einrichtung eines Sorgentelefons kann dabei in die Hände einer Gruppe gelegt werden, die einerseits für die personelle Besetzung und die Werbung für das Sorgentelefon verantwortlich ist und andererseits regelmäßig Berichte über die Kritik, die die Studierenden auf's Tapet bringen, veröffentlicht. Ziel des Sorgentelefons ist, in der Hochschule einen Überblick darüber zu bekommen, welche Hindernisse die Studierenden während der Ausbildung erleben.

Ein wichtiger Gesichtspunkt für das erfolgreiche Funktionieren des Sorgentelefons ist, daß den Dozenten oder den Kommissionen regelmäßig ein Bericht vorgelegt wird. Sein Erfolg oder Mißerfolg hängt darüber hinaus von zwei Faktoren ab:

1. dem Maß, in dem Dozenten davon angesprochen werden;
2. dem Maß, in dem die Studierenden angeregt werden, ihre Kritik bekannt zu machen. Denn die Studierenden werden nur bereit sein, ihre Kritik vorzubringen, wenn diese ernstgenommen und anonym behandelt wird und wenn in der Hochschule erkennbar ist, daß die Kritik etwas bewirkt (z.B. neben dem Bericht an die Dozenten auch eine Reportage in der Studentenzeitung).

Es ist sehr wichtig, daß über die vorgebrachte Kritik berichtet wird. Aber daneben tut sich die Frage auf, wie man beim Sorgentelefon mit akuten Problemen, die eine schnelle Vorgehensweise verlangen, zurechtkommt. Es ist abzuwägen, ob man mit solchen Klagen direkt zum betroffenen Dozenten geht und bei der Problemlösung zu vermitteln sucht oder ob man mit den Mitgliedern der Fachbereichsleitung oder der zuständigen Fachbereichskommission Kontakt aufnimmt, um das Problem zu besprechen. Eine eindeutige Antwort auf diese Frage kann ohne weiteres nicht gegeben werden. Beide Vorgehensweisen haben ihre Vor- und Nachteile. Ein Zwischenweg kann darin liegen, sich immer erst an die Lehrenden zu wenden, die das Problem betrifft. Der direkte Kontakt zum Dozenten hat den Vorteil, daß ein Problem vielleicht ohne die Einschaltung von verschiedenen Verwaltungsgremien schnell gelöst werden kann. Erst wenn deutlich wird, daß es zu keiner akzeptablen Lösung kommt, sollte man überlegen, zur Fachbereichskommission oder zur Fachbereichsleitung zu gehen.

Beachtenswertes

Der wichtigste Vorteil dieser Vorgehensweise liegt in der direkten Kommunikation. Dabei sind die Hürden für Studierende, um ihre Kritik vorzubringen, relativ niedrig. Ihre Schwäche liegt in der Form, in der Kritik zu Veränderungen führt. Wenn sich nämlich nach einiger Zeit keine Veränderungen einstellen, wird einem Sorgentelefon wahrscheinlich nur ein kurzes Leben beschieden sein. Ein anderer Nachteil des Sorgentelefons ist der, daß die Hochschule ausschließlich schlechte Dinge hört. Die Dozenten könnten so das Gefühl bekommen, daß die Studierenden es allein darauf abgesehen haben, die schlechten Zustände zu benennen und die guten zu verschweigen.

Variante: Der Kummerkasten

Eine Variante zum Sorgentelefon ist der Kummerkasten. Hier haben die Studierenden die Gelegenheit, schriftlich ihre Kritik vorzubingen. Der Kummerkasten hat den Vorteil, daß die Organisation weniger Personal erfordert. Studierende brauchen nicht permanent am Telefon zu sitzen. Außerdem sind diejenigen, die sich beklagen wollen, nicht mehr von den Sprechstunden abhängig. Der Nachteil besteht in der Gefahr, daß der Kummerkasten zu anonym ist. Denn diejenigen, die ihre Kritik aufschreiben, können wegen des fehlenden direkten Kontaktes nicht sicher sein, daß ihre Kritik auch behandelt wird. Bei dieser Vorgehensweise muß allerdings sehr genau über die Öffentlichkeitsarbeit nachgedacht werden.

Kritische Bestandsaufnahme charakteristischer Studiensituationen

Ziel

Das Ziel dieser Methode ist, der Hochschule einen Spiegel vorzuhalten und z.B. folgenden Fragen nachzugehen: Welche Eindrücke stellen sich als dominierend heraus; woran denken die Studierenden, wenn sie über den Ausbildungsgang reden? Diese Methode ist die Fortsetzung des Sorgentelefons mit anderen Mitteln und unterscheidet sich darin, daß auch den guten Elementen eines Ausbildungsganges Aufmerksamkeit geschenkt wird und die Informationserhebung schriftlich stattfindet.

Beschreibung des Verfahrens

Die Bestandsaufnahme charakteristischer Studiensituationen wird wie folgt durchgeführt:

- die Studierenden werden über die Studentenzeitung aufgefordert, ihre Erfahrungen im Studiengang zu Papier zu bringen,
- dabei werden sie nach den prägnantesten Erfahrungen oder Erlebnissen (positiv wie negativ) gefragt,
- diese Erfahrungen sollten für den Studiengang charakteristisch sein,
- die Erlebnisse werden schriftlich in Form eines Briefes an die Fachbereichsleitung formuliert,
- die Briefe werden von Kommilitonen gesammelt,
- für die Fachbereichsleitung oder die Fachbereichskommission werden die Briefe in einem Bericht zusammengefaßt und analysiert,
- die Analyse zielt auf den Einblick in die Gemeinsamkeiten der studentischen Erfahrungen im Studiengang.

Wer konkret befragt wird, ist eine offene Frage. Es geht nämlich ausschließlich darum, daß so viele Studierende wie möglich ihre Erfahrungen niederschreiben.

Beachtenswertes

Der wichtigste Effekt dieser Methode ist – wie bereits betont –, den Lehrenden und der Fachbereichsleitung einen Spiegel von den Extremen im Fachbereich (positiv oder negativ) vorzuhalten. Darin liegt allerdings gleichzeitig auch ihre Schwäche, denn die Methode bringt *nicht* die »durchschnittliche« Qualität der angebotenen Lehre zum Vorschein, sondern ausschließlich die Extreme.

3.2 Diagnostische Instrumente zur Verbesserung der Lehre

In diesem Abschnitt werden Instrumente und Verfahren genannt, die einen höheren Grad an Präzision erzielen und an die Repräsentativität, Zuverlässigkeit und Validität höhere Anforderungen stellen. Bevor wir die einzelnen Instrumente und Verfahren besprechen, muß die Frage gestellt werden, welche Kriterien bei deren Auswahl zugrunde zu legen sind. Mit anderen Worten: welche Instrumente und Verfahren sind in bestimmten Situationen anderen vorzuziehen?

Beobachtungen können nützlich sein, wenn es lediglich um das Geschehen in der Veranstaltung geht, z.B. bei Untersuchungen darüber, wie unruhig es während der Lehrveranstaltung ist, um die Teilnahme von Studierenden zu registrieren oder um sich einen Überblick über die

Kommunikationsstruktur zwischen Lehrenden und Studierenden zu verschaffen. Veranlassen Sie, daß die Studierenden ständig die Qualität der Lehre beobachten. Wenn vorher abgesprochen worden ist, wer beobachtet, was beobachtet wird und daß das Beobachtete schriftlich festgehalten wird, können diese Informationen für die Lehrevaluation verwendet werden. Denn mit Hilfe von beobachtenden Studierenden kann sehr schnell eine Antwort auf eine Reihe von Fragen gegeben werden, wenn das Ziel der Evaluation z.B. darin besteht, die Teilnahme zu registrieren und das Maß, in dem zwischen Lehrenden und Studierenden diskutiert wird.

Dem Fragebogen ist bei großen detaillierten Untersuchungen der Vorzug zu geben. Wenn es dagegen um die Beurteilung des Verhaltens von Dozenten oder Studierenden geht, kann man sich auf Beobachtungen beschränken. Die Methode des Interviews wird vornehmlich gewählt, um zur Überprüfung der mit den Fragebögen oder Beobachtungen gewonnenen Ergebnisse zusätzliche Informationen zu erhalten.

Interviews sind neben den Beobachtungen auch nützlich, wenn Meinungen ermittelt werden sollen und das Ausloten und Erforschen von Fragestellungen an erster Stelle stehen. Mit anderen Worten dann, wenn Studierende an den Motiven, die einem bestimmten Verhalten zugrunde liegen, interessiert sind. Das müssen aber nicht allein die Motive von Studierenden, sondern können auch solche von Dozenten sein (z.B. warum trifft ein Dozent eine bestimmte Auswahl für den Lehrstoff). Interviews erfordern im Vergleich zu Beobachtungen oder Fragebögen beträchtlich mehr Zeit für die Vorbereitung, Durchführung und Auswertung. Dem steht allerdings gegenüber, daß die gewonnenen Erkenntnisse häufig umfassender sind als bei Fragebögen.

3.2.1 Die Überprüfung der Studierbarkeit des Studiencurriculums

Ziel

Der Zweck dieser Methode ist, im Hinblick auf die Studienbelastung Einsicht in die Realisierbarkeit eines Studienprogramms zu erlangen (s. Abschnitt 1.3).

Arbeitsmethode

Die zentrale Frage bei einer Überprüfung der Studierbarkeit des Studiencurriculums ist, ob eine rationelle Studienstrategie vorstellbar ist, die nicht zu Überbelastungen führt und bei der die/der durchschnittliche Studierende (ohne Defizite und mit ausreichender Beherrschung von

Sprach- und Studienfertigkeiten) das Programm in der zur Verfügung gestellten Zeit abschließen kann. Zu diesem Zwecke wird anhand des Vorlesungs- und Prüfungsplanes ein Wochenplan aufgestellt, der die vorgesehenen Veranstaltungen aufführt. Danach werden die dafür notwendigen Studienanforderungen geschätzt, z.B. zwei Stunden Vorlesung im Fach A erfordern im ganzen drei Stunden Selbststudium. Wenn dann von allen Veranstaltungen und Studienabschnitten die Studienanforderungen mit den dazugehörenden Zeitschätzungen vorhanden sind, werden diese zu den vorgesehenen Lehraktivitäten hinzugerechnet (immer in Stunden). Auf diese Weise erhält man einen Jahresplan, in dem für jede Woche das ungefähr zu erwartende Studienpensum aufgeführt ist. Dieser Jahresplan sollte für Studierende als rationelle Studienanleitung dienen, um in der vorgesehenen Zeit das Programm abschließen zu können. Bei der Analyse des Jahresplanes müssen sich die Studierenden die Frage stellen, inwiefern sie dem Studienschema folgen können, wie ihr Schema in diesem Moment aussieht, wo die Belastungspitzen und -täler im Programm zu finden sind, ob eine Über- oder Unterbelastung besteht und ob es realistisch ist, daß das verlangte Studienpensum auch in der Praxis erfüllt werden kann.

Beachtenswertes

Die Zeitschätzungen für die verlangten Studienleistungen sollten vorzugsweise von den Lehrenden unabhängig voneinander vorgenommen werden. Ihre Mitwirkung ist vor allen Dingen wegen der Glaubwürdigkeit der Analyse wichtig, denn dadurch sind die im Hinblick auf die festgestellten Über- oder Unterbelastungen zu ziehenden Schlußfolgerungen weniger leicht zu entkräften. Wenn aber die Dozenten nicht mitarbeiten wollen, werden Studierende selbst über die geforderten Studienleistungen Daten erheben müssen.

3.2.2 Die studentische *feedback*-Gruppe und die Podiumsdiskussion

Ziel

Der Zweck dieser Methode ist, die spezifischen Probleme einer Veranstaltung oder eines Studienabschnittes aufzuspüren. Außerdem sollen mit ihrer Hilfe Empfehlungen zur Verbesserung der Veranstaltung formuliert werden.

Arbeitsweise

Die studentische *feedback*-Gruppe benutzt die Interviewmethode. Die Evaluation wird in Form eines Diskussionstreffens von Studierenden, die die Vorlesungen, Seminare oder Praktika eines bestimmten Faches besucht haben, organisiert. Die Diskussion wird mit Hilfe einer Checkliste strukturiert, die auch die Funktion einer Tagesordnung für die Diskussion erfüllt. Die Checkliste wird vorab vom Evaluator und einigen Studierenden, die die Veranstaltung bereits belegt haben, aufgestellt. Nach Ablauf der Veranstaltungs- oder Seminarreihe findet eine Plenardiskussion mit den Studierenden – oder einer Abordnung von Studierenden – statt. Von der Diskussion wird ein Bericht angefertigt, der hinterher mit dem betreffenden Dozenten oder der Lehrkommission besprochen wird.

Anstelle einer Plenarversammlung mit Studierenden kann auch die sog. Forumvariante eingesetzt werden. In diesem Fall wird eine Gruppe von Studierenden ausgewählt (Auswahl auf der Basis von Zufall oder Interesse), die bei einer Reihe von Veranstaltungen an Diskussionstreffen teilnimmt. Die Tagesordnung für das Treffen wird vorher bekannt gegeben, so daß sich die Studierenden gut auf die Diskussion vorbereiten können und bereits während der Vorlesungen oder Seminare auf die Dinge, die dann behandelt werden sollen, konzentrieren können. Auch in diesem Fall wird ein Bericht gemacht, der mit dem betroffenen Dozenten besprochen wird.

Beachtenswertes

Die Vorbereitungszeit für die Durchführung der Diskussionstreffen ist relativ kurz. Man braucht dafür nur eine Tagesordnung aufzustellen und Studierende dafür zu werben. Die zahlenmäßige Obergrenze für eine solche Zusammenkunft, soll die Diskussion noch ordentlich verlaufen, ist +/-20. Bedenken Sie dabei, daß in dem Maße, in dem insgesamt mehr Studierende an einer Lehrveranstaltung teilnehmen, umgekehrt die Repräsentativität der Diskussionsgruppe immer geringer werden kann. Denn bei einer Anzahl von 500 Studierenden, die einer Vorlesung folgen, und 20 Diskussionsteilnehmern besteht die Gefahr, daß die betroffenen Dozenten Zweifel an der Repräsentativität der vorgetragenen Beobachtungen äußern. In solchen Fällen ist zu überlegen, entweder mehrere Diskussionstreffen zu veranstalten, so daß auf diese Weise mindestens 10% aller Studierenden in die Diskussion einbezogen sind, oder die Fragebogenmethode anzuwenden.

Schließlich weisen wir noch darauf hin, daß aus der Erfahrung deutlich wird, daß die Teilnahme von Studierenden an solchen Zusammenkünften meistens sehr gering ist. Die Teilnahme ist bei Forumdiskussionen dagegen größer, wenn Studierende sich verantwortlich fühlen, für eine längere Periode an der Evaluation mitzuwirken.

TIPS FÜR STUDIERENDE

- Vergrößern Sie das Engagement der Studierenden durch die regelmäßige Veröffentlichung der Ergebnisse und der vorgetragenen Bemerkungen.
- Nehmen Sie Kontakt mit den Instituten auf, die bereits Erfahrungen mit dieser Methode gemacht haben (z.B. Hochschuldidaktische Zentren, HDZ).

3.2.3 Der Fragebogen

Ziel

Das meistgenutzte Instrument, um zum Zwecke der Verbesserung der Lehrqualität die Lehre zu evaluieren, ist der Fragebogen. Dabei sind die Studierenden die wichtigste Datenquelle. Fragebögen können auf zweierlei Weise für die Lehrverbesserung eingesetzt werden:
1. um einen schnellen Überblick von den Engpässen zu bekommen;
2. um die bei früheren Evaluationen konstatierten Probleme auszuloten.

In welchen Fällen kann man einen Fragebogen einsetzen?

Der Gebrauch von Fragebögen als Untersuchungsinstrument liegt vor allen Dingen dann auf der Hand, wenn folgende Randbedingungen anzutreffen sind, wenn also:
- die Anzahl der Personen, mit deren Hilfe Daten erhoben werden müssen, größer als 20 ist,
- die Anzahl der zu stellenden Fragen oder der zu erhebenden Variablen groß ist,
- die Untersuchung Meinungsbilder erhebt über Lehrqualität, Studienwahlmotive, das Planen von Schwerpunktstudienrichtungen, über Dozenten und dergleichen,
- die Anonymität wichtig ist und diese auf andere Weise nicht gewahrt werden kann,
- die Fragestellungen qualifiziert werden müssen, so daß man auf festem Grund Vergleiche zwischen Dozenten oder Fächern anstellen kann.

Wie stellt man den Fragebogen zusammen?

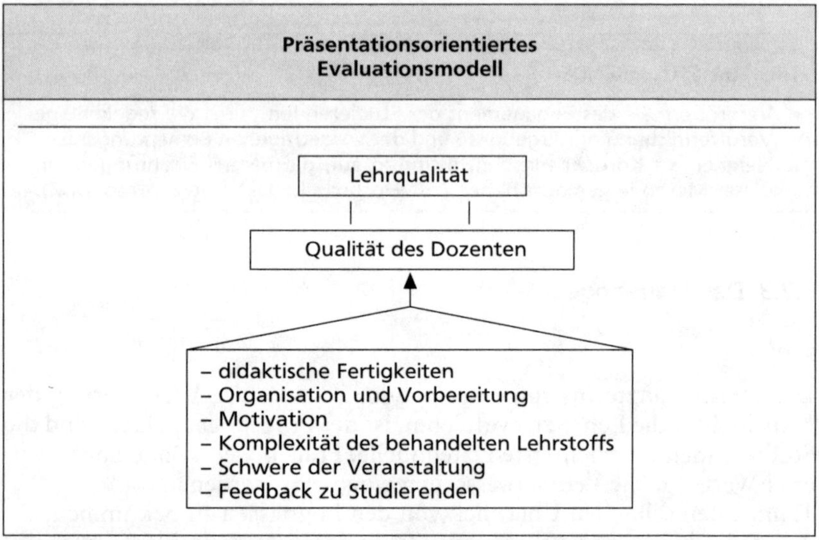

Abbildung 5: Evaluationsmodell, das auf die Lehrpräsentation gerichtet ist.

Eine auf der Hand liegende Frage ist, wie man mit Hilfe von Fragebögen die Qualität von Lehre messen kann. Mit anderen Worten: welchen Anforderungen sollen Fragebögen genügen, um zuverlässig und valide die Lehrqualität zu messen?

Der Ausgangspunkt für die Konzeption von Fragebögen liegt in der Berücksichtigung einer Reihe von für qualitativ gute Lehre ausschlaggebenden Faktoren. Sie können sich, wie im Kapitel 1 beschrieben, auf die Lehrpräsentation oder das Curriculum beziehen.

Bei der Lehrpräsentation beziehen sich die Faktoren auf die Vorlesung oder die Weise, wie der Lehrstoff vermittelt wird. Sie können in ein sog. präsentationsorientiertes Evaluationsmodell eingefügt werden (s. Abbildung 5). In zweiter Hinsicht können die Faktoren, auf die sich die Evaluation beziehen soll, auf ein breiter angelegtes Setting verweisen: Die Lehrpräsentation und das Curriculum. In diesem Fall sprechen wir von einem Curriculumevaluationsmodell (s. Abbildung 7). Hier sind im Gegensatz zum präsentationsorientierten Modell auch die Randbedingungen der Lehre berücksichtigt (wie z.B. Gliederung, Studienbelastung, Literatur etc.).

Die Fragebögen zur Beurteilung der Qualität von Seminaren sind insbesondere in den 60er Jahren an amerikanischen Universitäten, die den Studierenden meistens eine große Freiheit in der Wahl der Fächer geben und aus Konkurrenz-Überlegungen hohe Anforderungen an die Dozenten stellen, entwickelt worden. Hier haben die Beurteilungen von Dozenten zwei Funktionen:

1) Die Information der Studierenden über die Beurteilung von Veranstaltungen (vergleichbar mit dem Konsumentenleitfaden) und
2) die Berücksichtigung der Evaluationsergebnisse bei Personalbeurteilungen im Rahmen der Personalpolitik (Beförderung oder Entlassung).

Um valide Fragebögen zu entwickeln, ist sehr intensiv über die Merkmale von gut und schlecht lehrenden Dozenten geforscht worden. Meistens umfassen die Fragebögen sechs bis neun Faktoren, die nach entsprechenden Merkmalen fragen:

1. der didaktischen Lehrbefähigung der Lehrenden,
2. der Organisation und Vorbereitung der Veranstaltung,
3. dem Schwierigkeitsgrad der Veranstaltung und den Anforderungen, die vom Dozenten an Studierende gestellt werden,
4. dem Umgang der Lehrenden mit den Studierenden,
5. dem Maß, in dem Lehrende erfolgreich sind, eine Atmosphäre zu schaffen, in der Studierende ihre Meinungen aussprechen dürfen – sowohl gegenüber den Lehrenden als auch untereinander,
6. dem *feedback*, das die Lehrenden den Studierenden über die Qualität der von ihnen gegebenen Antworten oder abgelieferten Arbeiten geben,
7. der Wertschätzung, die Studierende für ihr Fach haben,
8. dem Enthusiasmus der Lehrenden,
9. dem Schwierigkeitsgrad des behandelten Lehrstoffs.

	trifft zu				**trifft nicht zu**
Die Dozentin/der Dozent gab genügend Gelegenheit, Fragen zu stellen	1	2	3	4	5
Die Dozentin/der Dozent hielt ihre/seine Veranstaltung auf anregende Weise	1	2	3	4	5
Die Veranstaltungen waren ausreichend lehrreich	1	2	3	4	5
Im ganzen betrachtet hat die Dozentin/der Dozent gut bearbeitet	1	2	3	4	5
Der Stellenwert dieses Prüfungsteils war mir ausreichend deutlich	1	2	3	4	5
Die Veranstaltung schloß gut an die Praktika an	1	2	3	4	5

Abbildung 6: Beispielfragen für eine dozentenorientierte Evaluation

In Abbildung 6 sind einige Beispiel-Items genannt, die sich auf die betreffenden Faktoren beziehen. Die Studierenden, die einen Fragebogen machen wollen, der die Lehrleistung der Lehrenden evaluiert, sollten sich in der inzwischen zahlreich erschienenen Literatur zum Thema orientieren.

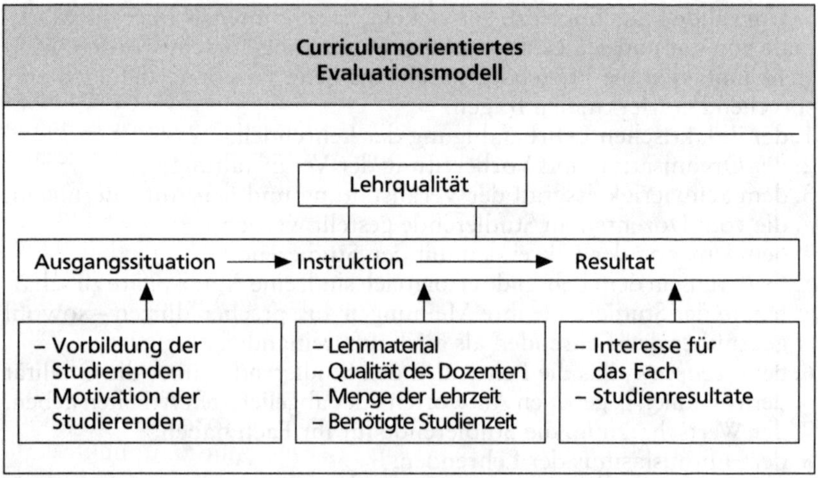

Abbildung 7: Evaluationsmodell, das auf das Curriculum orientiert ist.

Die obengenannten Faktoren beziehen sich vor allen Dingen auf die Qualität der tatsächlichen Lehrpräsentation. Und deshalb muß zu solchen Fragebögen eine Reihe von Randbemerkungen gemacht werden. Es besteht nämlich die Möglichkeit, daß die Lehrenden eine ungenügende Beurteilung bekommen oder ungenügende Lehrqualität liefern, weil bereits auf der institutionellen Planungsebene Fehler gemacht wurden: Ein Dozent muß z.B. die Veranstaltungen in einem Raum abhalten, der dafür nicht geeignet ist; oder die Veranstaltung knüpft nicht an die vorhandenen Vorkenntnisse an; oder der Dozent muß den Lehrstoff in einer zu kurz bemessenen Zeit behandeln; oder die Pflichtlektüre ist im Buchhandel nicht erhältlich. All das bedeutet, daß man bei der Konzeption des Fragebogens auch prüfen muß, inwiefern es sinnvoll ist, außer den Fragen zur Lehrveranstaltung selbst auch solche zu deren Rahmenbedingungen zu stellen.

Außer solchen Fragebögen, die sich ausschließlich auf die Arbeitsweise der individuellen Lehrenden beziehen, kann man auch curriculumorientierte Fragebögen verwenden, die zusätzliche Aspekte der Lehre evaluieren, wie z.B. die Studienbelastung, die Motivation für die

Studienwahl, die Qualität der Praktika, die Prüfungsanforderungen etc. Diese Fragebögen haben insbesondere bei einem breit angelegten Evaluationsunternehmen den Vorzug. In Abbildung 7 wird ein Modell mit Faktoren gezeigt, die die Qualität der Lehre beeinflussen können. Solche Modelle umfassen meistens eine Reihe von zentralen Elementen: wie z.B. Merkmale der Studierenden (Vorbildung, Motivation, Studierfähigkeit), Merkmale der Lehrenden (Lehrbefähigung), des Lehrstoffs (Struktur des Lehrstoffs, Schwierigkeitsgrad), des Selbststudiums (Menge der aufgewendeten Studienzeit), des Studienprogramms (Zeiteinteilung, Abfolge der Lehreinheiten) und des Produkts (erworbenes Interesse für den Lehrstoff, Studienresultate). Für jede Kategorie kann man eine Reihe von Items in den Fragebogen aufnehmen oder die gesamte Evaluation auf einen der genannten Aspekte beziehen.

Zusammenfassend stellen wir fest, daß man bei der Erstellung von Fragebögen über die Arbeitsweise von Lehrenden die Frage stellen muß, ob man in die Tiefe (Lehrpräsentation pur) oder mehr in die Breite (Lehrangebot als solches mit einer Reihe von daran gekoppelten Aspekten, darunter die Lehrpräsentation) evaluieren will. Auf Lehrende bezogene Fragebögen sind vor allen Dingen in Situationen nützlich, in denen das Verbessern von Aspekten der Lehrpräsentation an erster Stelle steht.

In einen Fragebogen lassen sich verschiedene Typen von Fragen aufnehmen: offene Fragen, Ja/Nein-Fragen, Fragen mit Fünfpunkteskalierung, Mehrfachfragen etc. Meistens werden geschlossene Fragen mit einer Fünfpunkteskalierung verwendet. Die Fragen sind dann in Form von Feststellungen formuliert. Man kreuzt an, ob man mit der Feststellung »völlig unzutreffend, ziemlich unzutreffend, teils/teils, ziemlich zutreffend, völlig zutreffend« übereinstimmt. Die Antwortkategorien verweisen mit den Ziffern 1,2,3,4,5 auf die korrespondierenden Antwortmöglichkeiten. Geschlossene Fragen haben wegen der höheren Bearbeitungsschnelligkeit bei der Analyse, der statistischen Möglichkeiten und weil es viele valide Items von diesem Typ gibt, den Vorzug.

Fragebögen kann man auf verschiedene Weise unter den zu Befragenden einsetzen:

- Per Post versenden oder während der Lehrveranstaltung an die Studierenden austeilen: Die Beantwortung findet dann zu Hause oder im Hörsaal statt. Danach werden die Fragebögen anonym zurückgegeben. Die Beantwortung zu Hause führt häufig zu einem niedrigen Antwortrücklauf von ca. 30 %. Höhere Rücklaufquoten werden im Hörsaal erzielt, wenn der Bogen nach der Bearbeitung sofort zurückgenommen wird.
- Als Hilfsmittel bei Interviews: Anhand des Fragebogens macht man ein Interview, bei dem man die Antworten in den Bogen einträgt. Eventuel-

le Unklarheiten kann man im Hörsaal aufklären. Außerdem kann der Interviewte, wo wünschenswert, zusätzliche Erklärungen abgeben.

- In einer Gruppensituation (Seminar, Klasse, Praktikumstreffen): Jeder füllt den Bogen aus, was meistens eine hohe Rücklaufquote zur Folge hat. Ein möglicher Nachteil besteht darin, daß die Studierenden sich während der Beantwortung beeinflussen können.
- Als Gruppeninterview: Man läßt erst von jedem einzelnen den Bogen ausfüllen und führt danach anhand des Bogens ein Gruppeninterview. Das hat den Vorteil, daß man von allen Betroffenen Daten bekommt, die vertieft werden können.

Um zu vermeiden, daß die Evaluationsergebnisse von Dozenten nicht ernstgenommen werden, muß man bei der Auswertung nachdrücklich auf der Qualität der Evaluation bestehen. Außerdem weisen wir darauf hin, daß einschneidende Veränderungen auf guten Informationen und überprüfbaren Daten basieren müssen. Deshalb muß man bei der Evaluation besonders auf die drei Aspekte Repräsentativität, Zuverlässigkeit, Validität achten:

Repräsentativität

Die einfachste Methode, um Repräsentativitätsprobleme auszuschließen, ist sicherlich, die Daten von *allen* Studierenden zu bekommen. In der Praxis bedeutet das, daß z.B. an alle Studierenden einer Hochschule, eines Jahrgangs oder an alle Absolventen ein Fragebogen verteilt wird. Bei einem Rücklauf von 100 % kann in der Tat von einer repräsentativen Gruppe gesprochen werden. In der Praxis ist das aber nur selten möglich. Probleme entstehen, wenn der Rücklauf niedrig und die Zahl der Ausfälle entsprechend hoch ist. Dies ist dann der Fall, wenn die Studierenden sich z.B. aus Angst vor Repressionen des Dozenten weigern, den Fragebogen auszufüllen, oder den Fragebogen nur teilweise beantworten, weil die Fragen undeutlich, bedrohlich oder nicht relevant sind. Außerdem kann die Bequemlichkeit eine Rolle spielen und das Gefühl, daß die Befragung »doch nichts bewirkt«. Wird der Rücklauf per Post oder durch Einwurf in einen zentralen Briefkasten in der Hochschule organisiert, wird sehr schnell ein relativ großer Teil der Studierenden nicht mehr an der Evaluation teilnehmen.

Das Problem der Antwort-Ausfälle besteht in der Regel darin, daß die tatsächlich erreichte Studentenpopulation nicht übereinstimmt mit der ursprünglich gewählten Untersuchungsgruppe oder Stichprobe. Bezüglich der Ausfälle werden in der Fachliteratur drei Fragen unterschieden:

- wodurch kommt es zu Antwort-Ausfällen,
- welche Auswirkungen haben Antwort-Ausfälle,
- wie muß man mit der Tatsache der Antwort-Ausfälle umgehen?

Der Ausfall von Antworten kann eine Reihe von *Gründen* haben. An erster Stelle den, daß die Befragten nicht zur Zielgruppe gehören (z.B. ein Erstsemester, das zufällig in eine Zweitjahrsevaluation einbezogen wurde). Außerdem können Studierende das Gefühl haben, daß sie wahrscheinlich bezüglich des Untersuchungsgegenstandes nichts mitzuteilen haben (z.B. ein Student, der bloß an einer einzigen Veranstaltung aus einer Veranstaltungsreihe teilgenommen hat). Zweitens kann der Antwort-Ausfall dadurch zustande kommen, daß Studierende es ablehnen, an der Untersuchung teilzunehmen. Dafür können verschiedene Gründe genannt werden: Sie fühlen sich z.B. durch die Vorgänge im Ausbildungsgang nicht betroffen; sie verlassen bald den Fachbereich; sie sind ängstlich, daß die Daten in die verkehrten Hände fallen; sie sind zu bequem oder sie werden viel zu häufig mit allerlei Wünschen, Fragebögen auszufüllen, konfrontiert.

Eine wichtige Frage ist, welchen *Einfluß* der Antwort-Ausfall auf die Resultate hat und welche Schlüsse daraus gezogen werden müssen? Im großen und ganzen kann man sagen, daß die Antwort-Ausfälle die Ergebnisse verzerren, wenn diejenigen, die nicht an der Untersuchung mitwirkten, insgesamt ähnliche Motive hatten, oder wenn bei den Antwort-Ausfällen Untergruppen unterschieden werden können, die die gleichen Motive haben. Dafür gibt es folgende Erklärung: Nehmen Sie an, daß die Gruppe der Antwort-Ausfälle aus Studierenden besteht, die bald mit dem Studium aufhören. Nehmen Sie weiterhin an, daß diese Gruppe 30 % der Studierenden ausmacht. Dann wird deutlich, daß die Resultate beträchtlich verzerrt sein können. Die Beurteilungen über die Qualität der Lehre könnten dann ganz anders ausfallen, wenn die Gruppe der Antwort-Ausfälle auch ein Urteil abgegeben hätte. Das wird beispielsweise aus folgender Berechnung deutlich: Bei der Frage über den Zusammenhang des Lehrstoffs mit der Vorbildung der Studierenden geben 80 % der Beantworter an, daß ein ausreichender Zusammenhang bestand. Der Fragebogen ist von 70 % der Gesamtpopulation ausgefüllt worden. Nehmen wir an, daß die Gruppe der Antwort-Ausfälle der Meinung ist, daß der Lehrstoff nicht auf der Vorbildung aufbaut. Dann ist in Wirklichkeit 80 % * 70 % = 56 % der Gesamtpopulation der Meinung, daß der Lehrstoff genügend an die Vorbildung anschließt.

Dieses Beispiel zeigt, daß damit gerechnet werden muß, daß Antwort-Ausfälle die Schlußfolgerungen verändern können und zwar von »der Lehrstoff schließt im ganzen genommen gut an die Vorbildung an« bis »der Lehrstoff schließt bloß mäßig an«. Andererseits brauchen die Ausfälle keinen Einfluß zu haben, wenn nämlich diejenigen, die der Gruppe der Ausfälle angehören, keine gemeinsamen Motive oder Merkmale haben. Mit anderen Worten: wenn Zufallsfaktoren die Zusammensetzung der Gruppe der Antwort-Ausfälle bestimmt haben. Befürworter und Gegner haben dann theoretisch statistisch ungefähr den gleichen Anteil.

Schließlich bleibt die Frage, *wie* man mit *Antwort-Ausfällen* umgehen kann. Zunächst folgt aus dem genannten Beispiel, daß im Fall eines beträchtlichen Antwort-Ausfalls (mehr als 30 %) zunächst die Ursache dafür ermittelt werden muß. Dazu kann man die Studierenden persönlich ansprechen und fragen, was ihre Motive waren, um nicht an der Evaluation teilzunehmen. Dabei muß man darauf achten, ob für die Antwort-Ausfälle gemeinsame Motive zugrunde liegen. Zweitens muß man prüfen, ob sich das Endergebnis verändern würde, wenn es eine vollständige Beantwortung gegeben hätte. Schließlich kann man der Frage nachgehen, ob die Zusammensetzung der Antwortgruppen einigermaßen übereinstimmt mit der Zusammensetzung der Gesamtpopulation, z.B. Alter, Geschlecht, Studienergebnisse etc.

Zuverlässigkeit

Neben der Repräsentativität ist auch die Zuverlässigkeit einer Befragung ein wichtiger Gesichtspunkt bei der Verwendung von Fragebögen, Interviews und Beobachtungen. Wenn wir hier den Begriff Zuverlässigkeit vorläufig auf den Fragebogen begrenzen, kann das Problem im wesentlichen wie folgt beschrieben werden: Der Gebrauch von Fragebögen als Evaluationsinstrument beruht auf der Annahme, daß die Menschen imstande sind, auf objektive und genaue Weise, Merkmale der Lehre zu identifizieren und ihnen einen zahlenmäßigen Wert zuzuerkennen. Die Qualität der Befragung ist also abhängig von deren Beobachtungsvermögen. Die Menschen können sich aber z.B. durch allerlei *Vor*urteile über die Wirklichkeit beeinflussen lassen. Wenn das jedoch so ist, dann kann die Genauigkeit und Objektivität der Befragung abnehmen. Ein Beispiel für eine in diesem Sinne nicht zuverlässige Befragung ist, wenn innerhalb einer Gruppe 50 % der Studierenden ein positives Urteil über die Arbeitsweise des Dozenten abgeben und 50 % ein negatives. Im großen und ganzen kann gesagt werden, daß in dem Maße, in dem die Meinungen innerhalb einer Gruppe über die gleiche Sache verschieden sind oder auseinandergehen, die Zuverlässigkeit der Befragung abnimmt.

Eine wichtige Frage ist, wie viele Studierende für ein zuverlässiges Urteil erforderlich sind und wie man an den Ergebnissen erkennen kann, inwiefern es sich um zuverlässige Urteile handelt. Die Forschung ist der Auffassung, daß die Zuverlässigkeit der Urteile bei einer Gruppengröße von 50 Studierenden sehr hoch ist. Sollten z.B. in einer Lehrveranstaltung 200 Studierende bei einem Dozenten zur gleichen Zeit eine Vorlesung hören, dann sind die Beurteilungen von 50 zufällig ausgewählten Studierenden ausreichend, um ein zuverlässiges Urteil über die Veranstaltung zu bekommen. In dem Maße, in dem jedoch immer weniger Studierende in der gleichen Veranstaltungsgruppe ein Urteil abgeben, nimmt auch die Zuverlässigkeit gleichmäßig ab. Die Forschung geht davon aus, daß – abhängig von den verwendeten Fragebögen – eine Anzahl von 10 – 15 Studierenden das Minimum darstellt, um zuverlässige Befragungen durchzuführen. Als Faustregel gilt, daß mindestens 15 Urteile über denselben Dozenten oder über dieselbe Lehrleistung in einem Set nötig sind, um verläßliche Aussagen zu bekommen.

Schließlich weisen wir noch auf den *anzustrebenden* Grad der Zuverlässigkeit von Evaluationen hin. Wenn Studierende eine Lehrevaluation durchführen, ist es zunächst von Bedeutung, daß Diskussionen in der Hochschule in Gang gebracht werden und insofern zunächst ggf. ein etwas geringerer Grad von Perfektion angestrebt wird. Das bedeutet, daß nicht immer große Bestände von Einschätzungen notwendig sind, um zu sinnvollen Diskussionen oder Aussprachen zu gelangen. Auch eine Gruppe von weniger als 15 Studierenden kann, abhängig von der Evaluationsfunktion, relevante Informationen liefern.

Zusammenfassend stellen wir fest, daß ein Urteil nicht notwendigerweise ein zuverlässiges Urteil zu sein braucht. Jedoch werden, je nachdem welches Ziel die Studierenden mit der Evaluation verfolgen, andere Anforderungen an die Zuverlässigkeit und damit an die Beurteiler gestellt.

Validität

Bisher ist ausschließlich die Frage behandelt worden, ob Evaluationen von Studierenden über die Qualität der Lehre ein hinreichend genaues Bild geben. Dabei ist bisher noch gar nicht die Frage erörtert worden, ob Studierende überhaupt imstande sind zu beurteilen, ob die Lehre eine ausreichende Qualität hat. Dies ist eine Frage, die der Diskussion darüber entspricht, ob der Käufer eines Produktes dessen Qualität beurteilen kann. Die Autokäufer z.B. können die Meinung vertreten, daß sie selbstverständlich die Qualität eines Autos beurteilen können, was doch per definitione aus ihrer Wahl erkennbar wird. Die Verkäufer bestätigen allerdings, daß die Käufer häufig keine Ahnung haben, was sich unter der Motorhaube abspielt, und sich mehr durch das Modell beeinflussen lassen, die Farbabstimmung und das Interieur. Das Beispiel zeigt, daß im Falle der Beurteilung der Qualität eines Autos zumindest zwei Vorstellungen von Qualität unterschieden werden können: die technische Ansicht des Verkäufers und die Modellansicht des Käufers. Welche Ansicht für die Qualität schließlich bestimmend ist oder welche die beste ist, sei dahingestellt (s. Kapitel 1). Es ist aber wichtig zu erkennen, daß verschiedene Parteien die Ansichten der jeweils anderen Partei über Qualität nicht immer teilen.

In den Diskussionen über Lehrqualität kommen auch widerstreitende Vorstellungen von Studierenden und Lehrenden zum Tragen. Die Lehrenden stellen häufig das Lehrresultat in den Vordergrund, Studierende dagegen die Art und Weise, wie das Lehrresultat erreicht wird. Für sich betrachtet ist das unproblematisch. Aber im Falle der Lehrevaluation durch Studierende werden die Dozenten sehr schnell behaupten, daß Studierende sich zuviel von Äußerlichkeiten leiten lassen. Mit anderen Worten: Studierende achten mehr auf Faktoren, wie z.B. ob der Lehrstoff witzig und interessant vorgetragen wird, und vernachlässigen dadurch die Aufmerksamkeit für den Inhalt des Lehrstoffes. Lehrende kommen dann auch häufig zu dem Schluß, daß diese Evaluationen keine ausreichende Qualität haben, weil die Studierenden die weniger relevanten Aspekte der Lehre betrachten.

Tips für die Zusammenstellung von Fragebogen

- Entwickeln Sie ein Lehrmodell (s. Abbildung 7) und verwenden Sie für jeden Faktor eine beschränkte Anzahl von Items (ungefähr 2 – 6 Items je Faktor).
- Entlehnen Sie soweit wie möglich die Items aus bestehenden Fragebögen, die bereits publiziert sind.
- Beschränken Sie die Länge des Fragebogens (20 – 60 Items).
- Der größte Teil der Items muß deskriptiv sein (z.B. »der Dozent macht Gebrauch von einem overhead-Projektor«).
- Stellen Sie keine Doppelfragen (z.B. »Der Dozent setzte die Tafel adäquat ein und berücksichtigte die gesellschaftliche Entwicklung«).
- Verwenden Sie keine doppelte Verneinung (z.B. »der Dozent setzte die Tafel nicht schlecht ein« völlig unzutreffend (...) völlig zutreffend).
- Nehmen Sie neben positiv formulierten Items (»der Dozent arbeitete gut«) auch negative (»der Dozent hat die Veranstaltung auf schludrige Weise gehalten«) in den Fragebogen auf.
- Die Items müssen sich auf die Aspekte der Lehre, auf die der Dozent Einfluß nehmen kann, beziehen.
- Der Fragebogen muß Items enthalten, die das spezifische Verhalten und nicht die allgemeinen Charaktereigenschaften, die nur schwer zu ändern sind, beschreiben.
- Die Items müssen so konkret wie möglich sein.
- Die Items müssen für die betreffende Veranstaltung relevant sein.
- Lassen Sie die Dozenten die Qualität der Fragen im vorhinein beurteilen.
- Führen Sie einen Versuchs-Test (Pre-Test) durch, nach dem ein definitiver Fragebogen zusammengestellt werden kann.

Beachtenswertes

Wenn die Evaluation die Absicht einer Lehrverbesserung verfolgt, kann ein Evaluationsbericht gute Dienste leisten. Vermeiden Sie dabei zähflüssig erzählend zu schreiben. Je dicker ein Bericht, desto größer die

Gefahr, daß er ungelesen und unbenutzt bleibt. Häufig können die Evaluationsresultate für sich sprechen. Das hängt vor allen Dingen davon ab, auf welche Weise die Daten präsentiert werden. Wo es notwendig ist, Vergleiche anzustellen, müssen die verglichenen Daten ebenfalls präsentiert werden. Dies können Vergleiche zwischen Fächern sein, aber auch solche zwischen Urteilen der Erstsemester und älterer Semester oder zwischen Studierenden mit verschiedenen Vorbildungen. Geht es z.B. darum, deutlich zu machen, inwiefern Verbesserungen im Hinblick auf die bereits früher bemerkten Engpässe zu verzeichnen sind, dann sollten die Daten der vorigen Evaluation ebenfalls aufgenommen werden. Sehr wichtig ist, daß die Engpässe, die durch die Evaluation erkannt werden, in der Darstellung prägnant herausgearbeitet werden. Eine Rangfolge der Daten zwischen solchen von minderem zu höherem Gewicht macht schnell deutlich, wo die gravierenden Engpässe liegen. Obgleich ein Evaluationsbericht nicht zu dick werden soll, sollten dort doch auch Informationen darüber gegeben werden, wie die Evaluation durchgeführt wurde. Denn sie sind für den Leser ein Indikator dafür, wie ernst er die Resultate nehmen muß.

Leider muß jedoch festgestellt werden, daß diese Erkenntnisse gewöhnlich solange zur Kenntnis genommen werden, wie der Leser mit den Resultaten übereinstimmt. Sobald die Ergebnisse aber von den eigenen Erwartungen oder Auffassungen abweichen, wird in der Evaluationsplanung nach den möglichen Ursachen für diese Diskrepanzen gesucht: die Resultate stimmen dann also nicht, weil die Evaluationsplanung nicht stimmt.

3.2.4 Die Teilnehmende Beobachtung anhand einer Beurteilungsliste

Ziel

Die teilnehmende Beobachtung versucht, differenzierte Informationen über die Lehrpräsentation der Lehrenden zu beschaffen.

Arbeitsmethode

Die Methode des teilnehmenden Beobachtens ist ein systematisches Registrieren von Geschehnissen. Ein derartiges Beobachten ist wünschenswert, wenn in früheren Evaluationen erkennbar geworden ist, daß Probleme in der Lehrveranstaltung oder bei einem bestimmten Dozenten bestehen, wobei gleichzeitig noch unklar ist, wo die genauen Ursachen für die Probleme zu suchen sind.

In einem solchen Fall sollten sich die Studierenden darauf verständigen, die Veranstaltung über einige Stunden hinweg anhand einer Beurteilungsliste zu beobachten. Die Beobachtungen können sich auf die in Abbildung 5 angegebenen Elemente beziehen:

- die Befähigung, Lehre zu erteilen,
- die Organisation und Vorbereitung,
- die Motivation etc.

Für jedes Element wird eine Reihe von Gesichtspunkten (vergleichbar mit Fragen) in die Beurteilungsliste aufgenommen, mit deren Hilfe der Observator festhalten kann, ob das Verhalten als »gut« (Kategorie +), »nicht gut« (Kategorie –) oder als »teils/teils« einzuordnen ist (Kategorie +/–).

Beachtenswertes

Die Zuverlässigkeit der Beobachtungen ist abhängig von der Qualität des Beurteilungsschemas (beinhaltet es Punkte, die relevant sind?), der Anzahl der Studierenden, die beurteilen, sowie von der Anzahl der Lehrveranstaltungsstunden, die beurteilt werden. Im allgemeinen gilt: *eine* Beurteilung ist *keine* Beurteilung. Deshalb sollten Sie mehrere Beobachter für mehrere Stunden einsetzen; z.B. eine Gruppe von drei Studierenden, die mindestens drei Stunden beurteilen. Auf der Basis einer durchschnittlichen Beurteilung wird dann ein Bericht erstellt, der ein Beurteilungsprofil beinhaltet und mit dem Dozenten nachbesprochen wird.

3.2.5 Zusammenfassung

Bei der Wahl eines Evaluationsinstruments oder einer Evaluationsmethode gilt, daß neben der Verwendbarkeit für eine bestimmte Absicht, die Kosten, der Ertrag und die Qualität der Daten eine Hauptrolle spielen. Jedoch verursacht mehr Qualität häufig auch mehr Aufwand. Außerdem ist für die Gewinnung von zusätzlichen Resultaten häufig ein übermäßig großer Aufwand erforderlich, so daß man sagen kann, daß in dem Maße, in dem man umfassendere Ergebnisse anstrebt, im Verhältnis dazu auch die Kosten immer höher werden. Um die Wahl für ein Instrument oder eine Methode zu erleichtern, sind in Abbildung 8 deren Eigenschaften in Form von Plus- und Minus-Werten der Reihe nach aufgeführt.

Bisher haben wir beschrieben, welches Ziel ein Verfahren verfolgt, wie es konzipiert werden kann, wer befragt werden muß und welche Gesichtspunkte besondere Aufmerksamkeit erfordern. In der folgenden Tabelle werden diese Gesichtspunkte bezüglich ihres Komforts und Ertrags bzw. ihrer funktionalen Eignung betrachtet. Bezüglich des Komforts ist nach der Zeit und dem Aufwand zu unterscheiden, die nötig sind, um Instrument oder Verfahren zu bestimmen, und der Zeit, die sie den Beantwortern kostet, um an der Evaluation mitzuwirken. Bezüglich der Erträge ist zu unterscheiden zwischen der Zuverlässigkeit und der Validität der Daten. Schließlich ist die Spalte »Empfehlenswert« vorgesehen, um anzuzeigen für welche Evaluationsfunktion die Instrumente oder Verfahren besonders geeignet sind. Bei der Zusammenstellung der Tabelle wurde von folgenden Annahmen ausgegangen:

- der Komfort eines Instruments/Verfahrens wird in dem Maße geringer eingeschätzt, in dem mehr Zeit in die Konstruktion und Verteilung gesteckt werden muß;
- der Komfort eines Instruments/Verfahrens wird in dem Maße geringer beurteilt, in dem der Beantworter mehr Zeit für die Mitarbeit an einer Evaluation aufwenden muß;
- die Studierenden machen soviel Gebrauch wie möglich von bereits bestehenden Verfahren, Itembanken etc.;
- die Zuverlässigkeit ist eine Funktion der Anzahl der Antwortenden. Daher wird sie in dem Maß niedriger eingeschätzt, in dem weniger Beantworter einbezogen werden;
- die Validität ist abhängig vom Umfang, in dem die Studierenden von den bestehenden Instrumenten/Verfahren Gebrauch machen. Bei der Entwicklung von eigenen Verfahren wird eine niedrigere Beurteilung für die Validität gegeben;
- ein Verfahren wird lediglich für die Funktion empfohlen, für die sie bezweckt ist; jedoch kann in einigen Fällen ein Verfahren auch zwei Funktionen (Funktion 1 = kennzeichnend; Funktion 2 = diagnostisch) erfüllen.

	Komfort			Ertrag		Empfehlung	
	Konstruktion	Anwendung	Belastung	Zuverlässigkeit	Validität	Funktion1	Funktion2
Gruppe 1:							
Kennzeichnende Instrumente							
Lehrpreis	++	++	+	+	+	+	--
Lehrbeobachtung	++	++	+	++	+	++	--
Konsumentenleitfaden	+/-	++	++	+/-	+/-	++	-
Sorgentelefon	++	++	++	+/-	+/-	+	+
Kummerkasten	++	++	+	+/-	+/-	+	+
Krit. Bestandsaufnahme d. Studiensituationen	++	+/-	+/-	+	+	++	+/-
Gruppe 2:							
Diagnostische Instrumente							
Überprüfung der Studierbarkeit des Studiencurriculums	-	+/-	-[1)]	+	+	+/-	++
Stud. Feedback-Gruppe	+/-	++	+	+/-	+/-	--	++
Forumdiskussion	+/-	++	+	+/-	+/-	--	++
Fragebogen	+/-	+/-	++	++	++	--	++
Beobachtung	+/-	+/-	++	+/-	+/-	--	+

[1)] Dozenten sind die Antwortenden

Abbildung 8: Aufwand und Ertrag der verschiedenen Instrumente der Qualitätssorge
++ = sehr gut; + = gut; +/- = vertretbar; - = mäßig; -- = schlecht

3.3 Verfahren zur Beurteilung der Qualitätssorge

In diesem Abschnitt beschreiben wir eine Reihe von Verfahren zur Beurteilung der hochschuleigenen Qualitätssorge als solcher. Hier stehen also keine Instrumente oder Verfahren im Mittelpunkt, sondern die Frage, wie Studierende beurteilen können, ob sich die Hochschule in ausreichendem Maße um die Qualitätssorge kümmert. Es geht dabei z.B. um folgende Fragen: kommt eine Hochschule angesichts bestimmter objektiver Tatbestände (z.B. Prüfungszahlen) zu Schlußfolgerungen, die für Studierende akzeptabel sind; welche Folgerungen werden aus den Ergebnissen der studentischen Evaluationen gezogen (wie interpretiert man subjektive Daten); wie wird den studentischen Interessen in den Systemen der Qualitätssorge Rechnung getragen? Um diesen Fragenkomplex besser behandeln zu können, beschreiben wir in diesem Abschnitt drei einfache Verfahren. Auf folgende beachtenswerte Gesichtspunkte müssen Studierende bei der Diskussion über Lehrqualität und Qualitätssorge jederzeit achten:

1. Wie berichtet die Hochschule in Lehrberichten und Selbstuntersuchungen über sich selbst und wie berichten ggf. externe Evaluationskommissionen,
2. welche Bedeutung wird in einer Hochschule den Informationen, die von Studierenden oder der Hochschule selbst erhoben werden, zugemessen,
3. worauf müssen Studierende bei Evaluationen oder Systemen für Qualitätssorge achten, um die studentischen Interessen zu wahren.

3.3.1 Vergleichen Sie das Bild, das eine Hochschule über sich selbst gibt oder das von anderen gezeichnet wird, mit dem Bild, das Sie selbst von der Hochschule haben

Die niederländischen Hochschulen sind im Rahmen des hier bestehenden Systems der Qualitätssorge und des Hochschulfinanzierungssystems gehalten, die Studiendauer und die Erfolgsquoten zu berechnen und zu publizieren sowie die geplante und realisierte Studienbelastung zu schätzen und zu registrieren. Solche Daten werden in den Lehrberichten der Fachbereiche, in denen die Ergebnisse der von der Hochschule selbst durchgeführten Evaluationen beschrieben werden, publiziert. Diese Lehrberichte sollten neben einer Problemanalyse auch immer Entwürfe für die Hochschulsteuerung in bezug auf die festgestellten Problemfelder umfassen.

Bei der Erstellung von Lehrberichten erheben die niederländischen Hochschulen häufig Daten, um mehr Einblick in das Funktionieren von Studiengangsprogrammen zu bekommen. Dabei kann es sich ebenso um Studentenurteile über die Qualität des Lehrangebots handeln wie um Befragungen unter Absolventen, Praktikumsbegleitern oder um die Wahlentscheidungen für Fächer, Dozenten, Studienschwerpunkte und Diplomprojekte. Schließlich können Aussagen über die Studienerfolgsquote Einsichten über die Hürden einer Ausbildung, die leichteren Fächer etc. vermitteln. Häufig werden über die hier genannten Daten auch gesonderte Berichte veröffentlicht, die in den Kommissionen und Leitungsgremien, in denen auch Studierende vertreten sind, besprochen werden.

Nicht nur in den Niederlanden ist es wichtig, daß Studierende überprüfen, ob das Bild, das die Hochschule von sich selbst in den genannten Berichten skizziert, übereinstimmt mit dem, das sie selbst haben. Dabei geht es nicht so sehr darum, ob die angegebenen Zahlen korrekt berechnet sind oder nicht, sondern vielmehr um die Frage, ob aus deren Sicht die Schlußfolgerungen daraus gerechtfertigt sind. Denn die Diskrepanz zwischen dem Selbstbild der Hochschule und dem Bild der Studierenden kann darauf hinweisen, daß Studierende nur ungenügend in die Qualitätssorge des Fachbereichs oder der Hochschule einbezogen sind. Versuchen Sie deshalb, solche Berichte zu bekommen, und überprüfen Sie diese daraufhin, ob das Selbstbild mit Ihrem Bild von der Hochschule übereinstimmt.

Inwiefern wären solche Publikationen auch für deutsche Studierende interessant? In erster Linie geben sie häufig Hinweise darüber, welche Dinge in einer Hochschule gut oder weniger gut geregelt sind. Sie geben Antworten auf viele Fragen, wie z.B. ob das heutige Lehrprogramm noch eine Reihe von Jahren benutzt werden kann oder kurzfristig größere Veränderungen vorgenommen werden sollten? Ist man zufrieden mit der Qualität und dem Angebot der Studierenden oder soll man strenger »aussieben«? Aus solchen Publikationen kann man also ableiten, ob die von Studierenden gesehenen Problemfelder auch von der Hochschule erkannt werden. Auch wenn Meinungsverschiedenheiten über die festgestellten Engpässe kaum bestehen, ist es sinnvoll, zusammen mit den für den Studiengang verantwortlichen Personen nach Lösungen zu suchen. Gibt es aber unterschiedliche Auffassungen und bleiben diese auch nach Beratungen bestehen, sollte man selbst eine Evaluation durchführen.

TIPS FÜR STUDIERENDE

- Sammeln Sie so viele interne und externe Berichte über die Qualität der Lehre wie möglich.
- Verfolgen Sie, inwiefern das dort skizzierte Bild übereinstimmt mit dem Bild, das die Studierenden haben.
- Stellen Sie eventuelle Diskrepanzen in den Lehrkommissionen etc. zur Diskussion.

3.3.2 Prüfen Sie, wie in der Hochschule die Evaluationsdaten interpretiert werden

Eine wichtige Frage für eine Evaluation ist, wie man die Ergebnisse beurteilen oder interpretieren muß. Oder anders gesagt: wann spricht man in der Hochschule von erwünschten Ergebnissen (wenn z.B. von guter Lehre die Rede ist) und bei welchen von unerwünschten. Es geht also um die Frage, inwiefern die Ergebnisse einer bestimmten von Dozenten oder Studenten gesetzten Norm genügen. Diese Frage ist für Studierende dann von besonderer Wichtigkeit, wenn bei der Besprechung der Evaluationsberichte Schlußfolgerungen aus dem Evaluationsmaterial gezogen werden. Um einen besseren Zugang zu solchen Diskussionen zu bekommen, beschreiben wir in diesem Abschnitt drei beachtenswerte Gesichtspunkte für die Interpretation von Evaluationsresultaten.

Gesichtspunkt 1: Wie häufig kommt so etwas wie Kritik etc. vor?

Wie häufig eine bestimmte Bemerkung, Beurteilung oder Kritik geäußert wird, kann man anhand einer Häufigkeitsverteilung feststellen, denn sie gibt u.a. Einblick in die Streuung der Antworten: Gehen die Meinungen auseinander oder nicht? Anhand eines Beispiels können wir illustrieren wie eine Häufigkeitsverteilung bei einer Evaluation von drei Dozenten interpretiert werden kann.

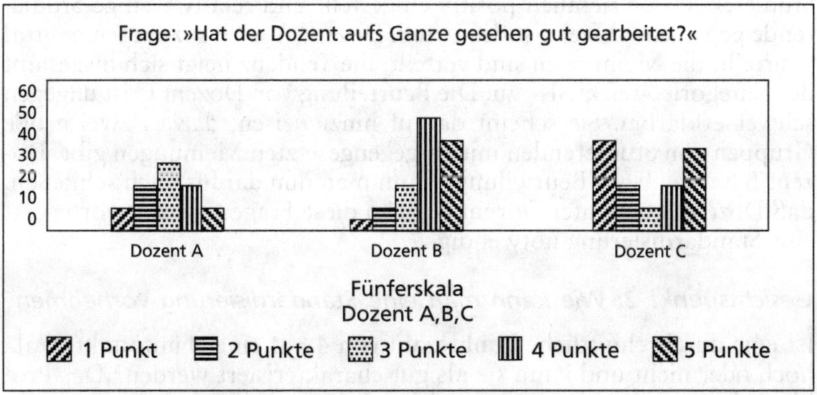

Abbildung 9: Häufigkeitsverteilung von Studentenurteilen

In Abbildung 9 sind fiktive Häufigkeitsverteilungen dargestellt, die sich auf die Urteile der Studierenden über drei Dozenten in einer Hochschule beziehen. Wir gehen von folgenden Annahmen aus: Die Studierenden haben die Qualität der Lehrpräsentation der Dozenten anhand eines Fragebogens evaluiert, der u.a. das Item »Der Dozent hat aufs Ganze gesehen gut gearbeitet« (1 = völlig unzutreffend, 5 = völlig zutreffend) enthält. Die Lehrenden gaben die gleiche Veranstaltung für drei verschiedene Studentengruppen. Die Häufigkeitsverteilung gibt die prozentuale Verteilung der entsprechenden Werte wieder. Der Einfachheit halber nehmen wir weiter an, daß der Rücklauf der Antworten in allen Fällen mehr als neunzig Prozent beträgt und daß die Zusammensetzung der Gruppen willkürlich ist. Diese Vorannahmen sind wichtig, um die Beurteilungen der Dozenten vergleichen zu können (der Fall, in dem solche Annahmen nicht zutreffen, wird bei Gesichtspunkt 3 behandelt).

Aus Abbildung 9 wird deutlich, daß die Studierenden Dozent A überwiegend mit der Kategorie »teils,teils« (3 Punkte) beurteilen. Die Meinungen laufen aber stark auseinander. Das zeigt sich am gleichen Prozentsatz von positiven und negativen Beurteilungen. Die Kategorie »teils,teils« fällt am höchsten aus. Dozent B bekommt aufs Ganze gesehen eine positive Beurteilung, nur ein geringer Teil von Studierenden wählt »teils,teils« oder »ziemlich unzutreffend«. Dozent C hat eine durchschnittliche Punktezahl von 3, wobei aber die Meinungen extrem verteilt sind. Dreißig Prozent geben eine sehr gute Beurteilung, weitere dreißig Prozent geben eine sehr negative, weshalb man hier von einer zweigipfeligen Verteilung spricht. Wie nun können diese Resultate interpretiert werden?

Die Ergebnisse für Dozent B sprechen für sich. Der übergroße Teil der Studierenden ist ziemlich positiv eingestellt und relativ wenige Studierende geben ein abweichendes Urteil. Dozent A wird sozusagen neutral beurteilt; die Meinungen sind verteilt, die Tendenz neigt sich insgesamt der Kategorie »teils,teils« zu. Die Beurteilung von Dozent C ist dagegen schwer erklärbar. Sie scheint darauf hinzuweisen, daß es zwei große Gruppen von Studierenden mit entgegengesetzten Meinungen gibt. Dozent B hat die beste Beurteilung. Kann man nun daraus auch schließen, daß Dozent B ein guter Dozent ist? Um diese Frage zu beantworten, ist eine Standardisierung notwendig.

Gesichtspunkt 2: Wie kann man eine Standardisierung vornehmen?

Ist eine durchschnittliche Punktezahl von 4 auf einer Fünfpunkteskala hoch oder nicht und kann sie als gut charakterisiert werden? Das Problem der Standardisierung ist nicht einfach zu lösen. Voraussetzung hierfür ist nämlich, daß man weiß, welche Minimalanforderungen an Dozenten gestellt werden können. Möglichkeiten der objektiven Standardisierung existieren bisher noch nicht. Eine Lösung für dieses Problem ergibt sich, wenn man sich entweder für die Selbststandardisierung oder die relative Standardisierung entscheidet.

Bei der Selbststandardisierung läßt man die Lehrenden vorab per Item angeben, was sie selbst für wünschenswert oder realisierbar betrachten und erhält auf diese Weise Auskunft darüber, was der Dozent als die Grenze zwischen problematischen und nicht problematischen Evaluationsergebnissen markiert. Danach vergleicht man die von den Lehrenden formulierten Normen mit den Untersuchungsergebnissen und kann feststellen, ob die Ergebnisse darüber oder darunter liegen.

Bei der relativen Standardisierung bestimmt man die Lehrqualität anhand von Vergleichen zwischen Fächern oder Veranstaltungen. Bei dieser Vorgehensweise ist es üblich, Beurteilungen in eine Rangfolge zu bringen: Welches Fach bekommt die beste Beurteilung, welches die schlechteste?

Gesichtspunkt 3: Gibt es verdeckte Ursachen, die die Punkteverteilung erklären?

Dozent A und Dozent C haben im Beispiel von Abbildung 9 Beurteilungen, die stark voneinander abweichen. Wie ist das zu erklären? Gibt es vielleicht verdeckte Faktoren, die eine Erklärung für die Punkteverteilung bieten könnten?

Bei den verdeckten Ursachen kann man an folgende regelmäßig anzutreffenden Faktoren denken:

1. Die Studierenden haben nicht denselben Bezugsrahmen oder unterscheiden sich stark in bezug auf Interessen, Motivation, Erfahrungen oder Alter.
2. Die gestellten Fragen werden auf unterschiedliche Weise verstanden.

Die Verwendung von studentischen Urteilen beruht auf der Annahme, daß die Studierenden in der Lage sind, genaue und objektive Beobachtungen anzustellen. Das setzt voraus, daß sie dieselben Kriterien für das, was gute und was schlechte Lehre ist, verwenden. Normalerweise stellt sich das bei ziemlich großen und zufälligen Gemeinschaften, Gruppen ein. Aber es gibt Situationen, in denen in einer Gruppe von Studierenden sehr starke Meinungsunterschiede über die angebotene Lehrqualität auftreten können. Nehmen wir z.B. an, daß die Gruppe von Dozent C *nicht willkürlich* zusammengesetzt ist. Sie besteht zur Hälfte aus Studierenden, die in der Oberstufe Mathematik als Leistungskurs gehabt, und zur anderen Hälfte aus Studierenden, die dieses Fach als Grundkurs belegt haben. Die Veranstaltung, die Dozent C abhält, z.B. das Fach Statistik, steht in dem Ruf, schwierig zu sein. Dozent C steht in diesem Fall vor dem Problem, daß, wenn er die Aufmerksamkeit auf die eine Gruppe richtet, die andere schnell unzufrieden wird. Wenn beispielsweise das Tempo, in dem der Lehrstoff behandelt wird, sich nach den Studierenden richtet, die Mathematik als Leistungskurs gehabt haben, hält die andere Gruppe das Tempo schnell für zu hoch und kommt zu dem Schluß, daß der Dozent seine Veranstaltung in einer schlechten Weise abhält. Folglich kann die Evaluation ergeben, daß die eine Gruppe von Studierenden ein positives Urteil fällt und die andere Gruppe von Studierenden ein ausgesprochen negatives.

Zweigipfelige Verteilungen können auch dann entstehen, wenn Fragen mehrdeutig sind. Häufig sind solche Fragestellungen schnell zu erkennen, aber in manchen Fällen ist unklar, worin eigentlich die Unterschiede der Interpretationen liegen. Ein offensichtliches Beispiel für deutlich erkennbare Fragestellungen mit mehreren Interpretationsmöglichkeiten ist z.B. »Ich halte den 'Leitfaden für Lehrevaluation' für ein wertvolles Buch«. In diesem Fall kann wertvoll in finanzieller (= der Preis ist zu hoch) oder in qualitativer Hinsicht (= man behandelt das Buch mit Vorsicht) interpretiert werden. Ein weniger auf der Hand liegendes Beispiel ist die folgende Fragestellung, die einmal in einem Entwurf eines Fragebogens für die Beurteilung von Praktika in der Medizin stand. Der Text der Frage lautete »Während des Praktikums war mir das Verhältnis zu den Patienten sehr wichtig: vollständig unzutreffend ... vollständig zutreffend.« Im Pre-Test wurde deutlich, daß einige Studierende über das Wort »Verhältnis« stolperten, weil sie nicht wußten, ob mit »Verhältnis« vielleicht eine feste Beziehung oder Freundschaft gemeint war.

TIPS FÜR DIE INTERPRETATION VON ERGEBNISSEN

- Kontrollieren Sie die Häufigkeitsverteilung bei den Fragen.
- Kontrollieren Sie, ob eine Gruppe von Studierenden nach relevanten Kennzeichen wie Alter, Geschlecht, Vorbildung, Interesse gegliedert werden kann.
- Kontrollieren Sie bei extremen Antwortmustern (ob positiv oder negativ), worauf sich die Meinungen von Studierenden stützen; bitten Sie die Studierenden zu einer Besprechung oder Erklärung der vorläufigen Resultate.
- Überprüfen Sie bei Dozenten oder älteren Studierenden, ob das Urteil der Studierenden erklärbar ist.
- Kontrollieren Sie, ob die Resultate mit den Erwartungen übereinstimmen.

3.3.3 Prüfen Sie, ob der Qualitätssorge genügend Aufmerksamkeit geschenkt wird

In letzter Zeit ist in vielen Hochschulen mit der Entwicklung von Systemen der Qualitätssorge begonnen worden, mit denen die Qualität der Lehre bewahrt und verbessert werden soll. Dabei ist die Qualität dieser Systeme selbstverständlich sehr unterschiedlich. In einigen Hochschulen z.B. spielen Studierende eine wichtige Rolle und dort wird auch ihren Wünschen und Interessen Rechnung getragen, bei anderen dagegen nicht.

Damit stellt sich die Frage, in welcher Hinsicht die Systeme für Qualitätssorge verschieden sein können, und wie Studierende sicherstellen können, daß das entsprechende System ausreichende Qualität besitzt. Wie wir in Kapitel 1 anmerkten, sind die Evaluationen nur ein Teil im Prozeß der Qualitätssorge. Mit ihrer Hilfe werden Informationen zur Verfügung gestellt, mit denen Möglichkeiten eröffnet werden, die Lehrqualität zu verbessern. Dagegen sind die Systeme der Qualitätssorge in der Planung breiter angelegt, wobei insbesondere die ganze verwaltungsmäßige Abwicklung (welches Ziel wird verfolgt, wie packt man es an, und was wird auf der Basis von Evaluationen unternommen?) wichtig ist.

Bei der Entwicklung eines Systems für Qualitätssorge muß eine Reihe von Fragen gestellt werden – und zwar a) bezüglich der technischen Aspekte des Systems (worin besteht die Qualität der Daten, wie werden Daten verarbeitet und publiziert?), b) bezüglich der Organisation des Systems (wem wird berichtet und wer ist befugt, Beschlüsse zu fassen?) und c) in bezug auf die Einbeziehung der Betroffenen (Studierende, Dozenten, Leitung). Anhand der Antworten auf diese Fragen kann man dann einen Einblick in die Art und Weise, wie das ganze System funktioniert, bekommen oder darüber, welche Gesichtspunkte eine Verbesserung erforderlich machen. Dabei sollte man auch über bessere Evaluationsverfahren oder über lesbarere Berichte, verständlichere Beschlüsse oder auch über eine stärkere Einbeziehung der Studierenden nachdenken.

Um eine bessere Beurteilung von Systemen für Qualitätssorge zu ermöglichen, haben wir eine Checkliste (s. Abbildung 10) entwickelt. Sie ist unterteilt in vier Kategorien und zehn Teilaspekte. Die Teilaspekte beziehen sich auf Phasen oder Gesichtspunkte (technische, organisatorische und Verantwortlichkeiten der Betroffenen) im Prozeß der Qualitätssorge. Die Kategorien verweisen auf vorhandene Planungen, deren Umsetzung und die eventuelle Einstellung oder Verbesserung von Planungen und/oder Umsetzungen. Die erste Kategorie gibt an, ob die Berichte oder Mitteilungen klare Aussagen über die Teilaspekte des Prozesses der Qualitätssorge machen. Die zweite Kategorie fragt danach, ob die Planungen für Studierende vorteilhaft sind. Die dritte Kategorie berührt die Frage, ob die Umsetzung in der Praxis für die Studierenden wünschenswert ist und gut abläuft. Dabei geht es darum, ob man mit der Qualitätssorge in der täglichen Praxis zufrieden ist. Schließlich geht es in der vierten Kategorie um die Frage, ob das System als solches in dem betreffenden Punkt verbessert werden sollte. Verbesserungen können beispielsweise notwendig sein, wenn es eine Kluft zwischen den Planungen und der Praxis gibt oder wenn einfach kein Beschluß zu einem bestimmten Teilaspekt gefaßt wird.

Teilaspekte der Qualitätssorge	Sind deutliche Beschreibungen vorhanden?	Sind die Planungen für Studierende vorteilhaft?	Ist die prakt. Umsetzung für Studierende vorteilhaft?	Endurteil: Ist Verbesserung notwendig?
1. Ziel der Qualitätssorge	ja/nein	ja/nein	ja/nein	ja/nein
2. Beschreibung der Lehrqualität	ja/nein	ja/nein	ja/nein	ja/nein
3. Qualitätsaspekte, welche?	ja/nein	ja/nein	ja/nein	ja/nein
4. Verwendung von Informationen	ja/nein	ja/nein	ja/nein	ja/nein
5. Informationen, welche?	ja/nein	ja/nein	ja/nein	ja/nein
6. Methoden, welche?	ja/nein	ja/nein	ja/nein	ja/nein
7. Engagement der Studierenden	ja/nein	ja/nein	ja/nein	ja/nein
8. Normen, welche?	ja/nein	ja/nein	ja/nein	ja/nein
9. Öffentlichkeit von Berichten	ja/nein	ja/nein	ja/nein	ja/nein
10. Organisation von Qualitätssorge	ja/nein	ja/nein	ja/nein	ja/nein

Abbildung 10: Checkliste für die Qualität von Systemen der Qualitätssorge

4. Evaluation... und dann?

In diesem Kapitel gehen wir davon aus, daß inzwischen deutlich geworden ist, was man mit Evaluationen zu erreichen hofft, denn das ist in den vorigen Kapiteln bereits angesprochen worden. Jetzt geht es darum festzustellen, welche Aktivitäten nach einer Evaluation erforderlich sind, um die Absichten auch tatsächlich zu realisieren. Daß dies durchaus kein überflüssiger Luxus ist, wird auch aus den Fallbeispielen im ersten Kapitel deutlich. Gewöhnlich enden diese Beispiele in dem Moment, in dem die Probleme noch nicht gelöst sind. Das ist kein Zufall, denn viele Evaluationen schließen tatsächlich damit ab, daß deren Resultate berichtet werden. Hierfür ist dann viel Energie in Aktivitäten gesteckt worden, die schließlich doch nicht zum angestrebten Ziel führen. Die möglichen Folgen davon sind große Frustration und eine abnehmende Bereitschaft, sich um die Qualität der Lehre zu kümmern. Evaluationen sind dann in Wirklichkeit kontraproduktiv.

Die erste Frage, die man sich stellen muß, ist: *Was werde ich in erster Linie mit den Evaluationsergebnissen anstellen?*

Das hängt primär davon ab, was mit der Evaluation beabsichtigt wurde. Es kann die Öffentlichkeit gesucht, Gespräche mit den Dozenten können geführt, es kann mehr auf dem Verwaltungswege in Kommissionen und Leitungsgremien gearbeitet oder es können »harte Aktionen« gestartet werden etc. Klar ist in jedem Fall, daß eine Evaluation nicht mit dem Bericht der Ergebnisse beendet sein darf. Ob man nun die Diskussion über Qualitätssorge im Fachbereich in Gang bringen, konkrete Verbesserungen bewerkstelligen oder die Finger an den Puls der Qualitätssorge des Fachbereiches halten will, die Evaluation als solche bildet dafür nur den Ausgangspunkt.

Die zweite Frage ist: *Worauf muß ich achten, wenn ich Aktivitäten starten will?*

Abhängig von der Zielsetzung, die man mit den Aktivitäten verfolgt, gibt es verschiedene bedenkenswerte Gesichtspunkte. Wenn man die Öffentlichkeit sucht, kann das auf unterschiedliche Weise geschehen; doch gibt es in jedem Fall verschiedene Punkte, die bei allen Aktionen berücksichtigt werden müssen.

Die dritte Frage lautet: *Wie kann ich dafür sorgen, daß die Aktionen kein einmaliger Zeitvertreib sind, sondern auch langfristig die gewünschten Effekte zeitigen?*

Aktionen, die direkt auf die Evaluationen folgen, können entweder witzig oder weniger interessant sein. In jedem Fall ist dann für jeden Beteiligten noch deutlich, in welchem Bezugsrahmen sie stattfinden, wodurch auch noch die Chance besteht, Engagement bei den Betroffenen zu wekken. Die Chance, daß man mit den Aktionen auch gleich dasjenige erreicht, was man eigentlich beabsichtigt hatte, ist weniger groß. Das wird bereits deutlich, wenn es darum geht, ein gutes Klima für Qualitätssorge im Fachbereich zu erzeugen. Dies gilt aber auch für die Umsetzung eines guten studentischen Beitrages in der Qualitätssorge und für die Verwirklichung konkreter Verbesserungen. Auch das sind häufig Dinge, die einen etwas längeren Atem verlangen. Das Beispiel »Evaluieren, wozu?« aus Kapitel 1 ist leider keine zufällige Ausnahme.

In den folgenden Abschnitten werden wir konkreter auf die Folgeaktivitäten eingehen, die nötig sind, um mit den Evaluationen die gewünschten Effekte zu erzielen. Dabei werden wir anknüpfen an die verschiedenen Typen, Instrumente und Methoden, die in Kapitel 3 besprochen wurden.

4.1 Der Einsatz der kennzeichnenden Instrumente

Die wichtigste Funktion von kennzeichnenden Instrumenten ist, dafür zu sorgen, daß die Qualitätsdiskussion in der Hochschule oder im Fachbereich in Gang kommt oder bleibt. Außerdem muß in der Diskussion die Stimme der Studierenden deutlich hörbar sein. Diese Gelegenheiten (z.B. Lehrpreisvergabe etc.) eignen sich hervorragend für öffentliche Aktionen. Schließlich, wenn man etwas zum Leben erwecken will, ist die Bekanntmachung wohl das mindeste. Sie ist dann wohl der erste Schritt, aber sicher nicht der letzte, um einen kontinuierlichen Prozeß der Qualitätssorge zu beginnen und in Gang zu halten. Nehmen Sie das Beispiel des Leitfadens »Alles über die Lehre«: Auf den ersten Blick ist das eine wunderbar ablaufende Evaluationsaktivität. Die Erfahrung lehrt aber, daß diese Art von Aktivitäten von einem bestimmten Moment an verwässert wird, wenn nichts anderes mehr geschieht als die regelmäßige Veröffentlichung eines solchen Leitfadens. Um das zu vermeiden, werden in diesem Abschnitt einige Tips gegeben und die Fragen aus der Einführung nacheinander wieder aufgenommen.

Was ist in erster Linie mit den Resultaten der kennzeichnenden Instrumente anzustellen?

Wir haben bereits gesagt, daß es selbstverständlich erscheint, mit den Resultaten der Evaluation in die Öffentlichkeit zu gehen; aber auf welche Weise?

Der Lehrpreis

Ein Lehrpreis ist mit einem Literaturpreis vergleichbar. Er ist für die Betreffenden, die ihn erhalten, schmeichelhaft. Aber noch viel schöner ist es, wenn dies breiter bekannt gemacht wird. Es geht dabei immerhin um die Anerkennung der Qualität. Ein Lehrpreis muß darum mit dem üblichen Zeremoniell ausgeschmückt werden. Dabei ist der Preis selbst weniger interessant als der Bericht der Jury und derjenige, der den Preis verleiht und überreicht. Der Jurybericht erklärt in jedem Fall, wer warum den Preis gerade an diese Person vergibt. Derjenige, der den Preis verleiht bzw. überreicht, erhöht ggf. durch seine Anwesenheit auch die Bedeutung des Preises. Darüber hinaus sollte, wenn es irgendwie möglich ist, in die Jury auch ein anerkannter Sachverständiger aus dem betreffenden Lehr- oder Fachgebiet gewählt werden. Die Preisverleihung durch ein Mitglied der Fachbereichsleitung oder des Rektorats erhöht sowohl den Status des Preises als auch dessen Werbewert.

Die Top-Ten der Lehre

Die meisten Hochschulen und viele Fakultäten haben heutzutage eine Zeitung, in der allerlei Dinge über die Lehre und die Hochschule berichtet werden. Es ist empfehlenswert, darin z.B. eine Top-Ten Liste für die Lehre einzurücken. Veröffentlichen Sie dort z.B. die zehn bestbewerteten Veranstaltungen/Fächer des abgelaufenen Halbjahres. Diese Übersicht sollte mit einer Erläuterung ergänzt werden, warum gerade diese Fächer hoch bewertet worden sind. Außerdem können Vergleiche mit der vorigen Top-Ten Liste angestellt werden. Von Bedeutung ist, daß der Zeitungsbeitrag zwar einen etwas spielerischen Eindruck macht, daß aber dennoch deutlich wird, daß die dort ausgewiesenen Resultate zuverlässig die Meinungen der Studierenden wiedergeben. In der Zeitung können auch Interviews mit den betreffenden Dozenten erscheinen. Existiert ein solches Periodikum nicht, dann besteht allerdings aller Anlaß in der Fakultät, für die Einrichtung einer Zeitung zu plädieren.

Fakultätstreffen

Schon ein Konsumentenleitfaden für sich genommen ist oft bereits Grund für einige Aufregung, die allerdings nicht immer zu der gewünschten Diskussion über die Lehrqualität führt, weil man sich dadurch bedrängt fühlt. Häufig ist das zu unrecht so, denn die meisten Konsumentenleitfaden geben ein nuanciertes Bild von der Lehre in einer bestimmten Fakultät. Darum ist es auch wichtig, die Veröffentlichung eines solchen Leitfadens zu ergänzen. Eine geeignete Möglichkeit hierfür ist die Veranstaltung einer Diskussion über den Leitfaden. Während des Treffens sollte allerdings nicht hauptsächlich über Themen wie z.B. die Zuverlässigkeit der Daten diskutiert werden. Denn es geht darum, daß auf breiterer Ebene erörtert wird, ob das Bild, das im Leitfaden über die Lehre gezeichnet wird, für die Studierenden und Lehrenden wiedererkennbar ist.

Ein solches Treffen kann verschiedene Formen haben. Eine Forumdiskussion, an der die Autoren des Leitfadens, die Dozenten und »anerkannte Sachverständige« teilnehmen, kann ein gelungener Start für eine etwas breiter angelegte allgemeine Diskussion sein. Kümmern Sie sich in jedem Fall darum, daß der Versammlungsleiter am Ende der Diskussion einige allgemeine Schlußfolgerungen formuliert, denn diese können dann wieder – eventuell ergänzt von einem Bericht über das Treffen – in der Fakultätszeitung veröffentlicht werden. Wichtig ist auf jeden Fall, daß sich möglichst viele an der Diskussion beteiligen. Auch darum sollte man mit der Fakultätsleitung darüber verhandeln, ob dafür Platz im offiziellen Veranstaltungsangebot eingeräumt werden kann. Damit würde die Hochschule zugleich anerkennen, daß es sich um eine auch für sie wichtige Unternehmung handelt.

Weißbücher

Auf der Basis der kritischen Bestandsaufnahmen der Studiensituationen oder des Sorgentelefons kann ein Weißbuch über die Lehre im Fachbereich herausgebracht werden, das eine Übersicht über die von den Studierenden festgestellten Stärken und Schwächen in der Lehre des Fachbereiches gibt. Es beschreibt allein die Extreme in positiver und negativer Hinsicht, wodurch natürlich etwas stärker als mit einem Konsumentenleitfaden pointiert wird.

Auch ein Weißbuch braucht Publizität. Zunächst im eigenen Fachbereich, denn zumindest dort muß die Qualitätsdiskussion in Gang kommen. Ein Diskussionstreffen wie oben beschrieben kann dabei ebenfalls nützlich sein. Sollte das nicht gelingen, dann gibt es immer noch die Möglichkeit, die Erkenntnisse breiter bekannt zu machen. Eine Hochschulzeitung ist häufig ohne weiteres bereit, die Daten zu veröffentlichen. Noch schöner wäre es, wenn man auf diese Weise eine Diskussion in der Zeitung anzetteln könnte. Auf diese Weise bekäme man die Diskussion über die Qualität der Lehre dann doch noch einigermaßen auf die Beine.

TIPS FÜR DEN UMGANG MIT KENNZEICHNENDEN INFORMATIONEN

Der Lehrpreis

- Verleihen Sie den Preis mit einigem Zeremoniell, z.B. mit einem Mitglied der Leitung.
- Tragen Sie Sorge für einen Jurybericht.
- Nehmen Sie in die Jury neben Studierenden auch Fachvertreter und/oder Didaktiker auf.

Die Top-Ten Liste

- Veröffentlichen Sie die Top-Ten in einem Fakultätsperiodikum.
- Benennen Sie, was die Studierenden vor allem schätzen und stellen Sie eventuell einen Vergleich mit dem vorigen Jahr an.
- Sorgen Sie dafür, daß die Veröffentlichung nicht zu zähflüssig, aber dennoch ernst genommen werden kann.

Diskussionstreffen

- Versuchen Sie, zusammen mit der Hochschule ein Diskussionstreffen über den Konsumentenleitfaden zu organisieren.
- Sorgen Sie für eine möglichst große Beteiligung.
- Achten Sie darauf, daß die Diskussion sich nicht auf die Untersuchungsmethode, sondern auf die Ergebnisse konzentriert.
- Formulieren Sie nach der Diskussion Schlußfolgerungen.
- Geben Sie einen Bericht über die Diskussion in einer Fakultätszeitung.

Weißbuch

- Nehmen Sie explizit positive und negative Erfahrungen auf.
- Versuchen Sie hierüber, ein Diskussionstreffen zu organisieren.
- Veröffentlichen Sie die Resultate, wenn nötig in der Hochschulzeitung.
- Versuchen Sie, die Diskussion in der Zeitung in Gang zu bringen.

Worauf ist bei diesen Aktionen zu achten?

Bei der Durchführung dieser Art von öffentlichkeitswirksamen Aktionen muß man einer Reihe von wichtigen Gesichtspunkten Rechnung tragen.

Betonen Sie nicht nur, was verkehrt läuft, sondern auch was gut ist.

Die Qualitätssorge wird häufig mit negativer Kritik assoziiert. Deshalb sind die Reaktionen häufig defensiv. Bemerkungen wie: »Das wird wohl wieder nichts taugen« oder »Niemand braucht mir zu erzählen, wie ich gute Lehre geben muß« sind an der Tagesordnung. Es ist darum von essentieller Wichtigkeit, daß die Qualitätssorge nicht als bedrohlich erscheint. Die Qualitätssorge bezweckt nicht allein – und keineswegs primär – die Verbesserung von schlechter Lehre, sondern auch die Optimierung von qualitativ vertretbarer Lehrleistung. Bei den unterschiedlichen öffentlichkeitswirksamen Aktionen, die wir beschrieben haben, ist darum die Betonung häufig auf die Würdigung von guter Lehre und die nuancierte Beschreibung von Stärken und Schwächen des Fachbereichs gelegt. Ihre Absicht ist, eine Atmosphäre zu schaffen, in der es möglich ist, nachzudenken über die und zu arbeiten an der Verbesserung der Lehre.

Machen Sie deutlich, daß man zwar auch die Probleme von Dozenten und Fachbereich anerkennt, daß man aber dennoch Möglichkeiten für Verbesserungen sieht.

Eine zweite wichtige Bedingung, um zu einer guten Qualitätssorge zu gelangen, ist, das Engagement des Fachbereichs zu erhöhen. Wenn Qualitätssorge etwas ist, was ausschließlich eine Fachbereichsleitung oder allein die Studierenden interessieren würde, bestünde keine große Chance, die Qualitätssorge tatsächlich zu realisieren. In diesem Zusammenhang ist es wichtig, daß Studierende auch die Probleme erkennen, mit denen ein Dozent oder ein Fachbereich konfrontiert wird. Das darf natürlich für den Fachbereich keine Entschuldigung dafür sein, nichts zu tun. Dennoch werden die Studierenden akzeptieren müssen, daß bestimmte Verbesserungen nicht oder nicht sofort möglich sind. Im Fallbeispiel »Flaschenhals-Fach« ist vom Engagement des Dozenten für die Probleme der Studierenden eindeutig keine Rede, worin auch der Grund zu sehen ist, daß dieser sich weigert, der Frage nachzugehen, ob Qualitätsverbesserungen möglich sind.

Versuchen Sie, mit Dozenten über die Bedeutung einer systematischen Qualitätssorge zu diskutieren.

Diskussionen bei den Zusammenkünften oder in den Zeitungen können dazu beitragen, das Engagement zu erhöhen. Fragen Sie die Dozenten z.B., was sie von Qualitätssorge halten und wie sie ihre Meinung begründen. Verdeutlichen Sie auch, was Sie selber davon halten.

Versuchen Sie, daß der studentische Beitrag in der Qualitätssorge nicht nur als völlig normal, sondern als notwendig akzeptiert wird.

Ein wichtiger Gesichtspunkt ist auch, daß der Beitrag der Studierenden in der Qualitätssorge akzeptiert wird. Dafür gibt es Argumente im Überfluß. Wir werden hier eine Reihe davon nennen und jedes davon könnte noch mit anderen Argumenten ergänzt werden.

- Akademische Lehre ist die Einrichtung einer Lehr- und Lernumgebung. Als Studierende müssen Sie definieren können, welche Elemente in der Lehr- und Lernumgebung für Sie relevant sind. Also sollten Sie zumindest etwas über die Aspekte sagen können, auf die sich die Qualität richten muß.
- Letztlich bestimmen Sie als Studierende, wie gelehrt wird und worin die Lehrergebnisse bestehen sollen. Die Optimierung der Lehre ist also ohne Studierende nicht möglich.
- Bei einem großen Teil der Evaluationen wird von Ihnen als Studierende die Mitarbeit gefordert. Wenn Sie allerdings davon nichts mehr hören, nimmt der Schwung, sich an der Evaluation zu beteiligen, sehr stark ab.
- Von Ihnen als Studierende wird verlangt, daß Sie sich für Ihr Studium verantwortlich fühlen. Wenn aber fortdauernd über Ihre Köpfe hinweg beschlossen wird, wie die Lehre verbessert werden kann, besteht die große Gefahr, daß Ihr Verantwortungsgefühl ernstlich leidet.

Sorgen Sie dafür, daß diese Punkte durch die Hochschule und den Fachbereich anerkannt werden und daß sich das auch in Maßnahmen niederschlägt.

Wie können Sie zur Fortsetzung der Diskussion über die Qualität beitragen?

Aktionen sind spektakulär und ziehen in jedem Fall die Aufmerksamkeit auf sich. Der Effekt von Aktionen hält aber nicht lange an, wenn daran keine Weiterungen geknüpft werden. Die Fortsetzung ist i.d.R. lange nicht so spektakulär und die Ergebnisse treten weniger zu Tage, so daß der Eifer nachläßt. Kurzum, die Gestaltung der Qualitätssorge unter permanenter Beteiligung der Studierenden ist eine Frage des langen Atems. Um eine permanente Qualitätssorge zu installieren, werden in den zuständigen Gremien entsprechende Beschlüsse gefällt werden müssen. Formell ist das im Hochschulwesen so geregelt, daß Beschlüsse über die Lehre in die Zuständigkeit von Hochschul- und Fachbereichsleitungen fallen. Diese Beschlüsse werden aber vielfach in den Studienkommissionen oder anderen Beratungsorganen vorbereitet. Deshalb gilt es, als Studierende rechtzeitig dabeizusein. Jedenfalls ist es häufig viel schwieriger, einen Beschluß zurückzunehmen als von vornherein Wünsche in eine Diskussion einfließen zu lassen. Sorgen Sie also dafür, daß Studierende in den zuständigen Beratungs- und Beschlußgremien stimmberechtigt sind. Welche Gremien relevant sind, ist z.T. in den Hochschulverfassungen zu finden, teils ist es eine Frage der Erfahrung. Einzelne Studierende haben diesbezüglich oft Schwierigkeiten, weil sie dafür häufig nicht lange genug an der Hochschule bleiben. Studierende sollten deshalb ihre Erfahrungen zusammentragen und einander weitergeben.

Einen ersten Schritt, den Studierende unternehmen können, ist die Einrichtung einer Kommission für Qualitätssorge. Natürlich gehört die Qualitätssorge zum täglichen Geschäft einer Hochschule. Es ist aber auch nicht verkehrt, wenn es eine zusätzliche Instanz gibt, die regelmäßig auf die Verantwortlichkeiten in diesem Bereich hinweist. In dieser Kommission müssen die Studierenden selbstverständlich vertreten sein. Ihre erste Aufgabe ist es, der Frage nachzugehen, welche Aktivitäten in der Qualitätssorge bereits stattfinden, wie die Betroffenen im Fachbereich der Qualitätssorge gegenüberstehen und was nach Meinung der Betroffenen verbessert werden muß. Langfristig wird die Aufgabe der Kommission darin bestehen, für eine jährliche Planung der Qualitätssorge zu sorgen und darauf zu achten, daß diese auch umgesetzt wird. Das heißt nicht, daß immer nur große Evaluationsaktionen stattfinden müssen. Allerdings muß jährlich beobachtet werden, in welcher Hinsicht die Lehre einer Verbesserung bedarf und welche Maßnahmen ergriffen werden müssen, damit diese Verbesserungen auch bewerkstelligt werden. Die Zuständigkeit liegt bei den Hochschulleitungen sowie Fachbereichsleitungen und -räten, für die die Kommissionen für die Qualitätssorge Vorschläge entwickeln.

Der nächste Schritt ist dann, eine brauchbare Methode zur Gestaltung der Qualitätssorge zu entwickeln. Obwohl natürlich der Inhalt der Vorschläge wichtig ist, ist mindestens ebenso wichtig, im Fachbereich, in der Fakultät über die Vorschläge zu diskutieren, denn die Qualitätssorge muß ja zum Leben erweckt werden.

Der dritte Schritt besteht darin, dafür zu sorgen, daß jedermann mit der Qualitätssorge, so wie sie in den Vorschlägen beschrieben wird, in Berührung kommt. Dabei muß mit einiger Behutsamkeit zu Werke gegangen werden, denn Übermaß schadet. Suchen Sie zunächst nach einer beschränkten Anzahl von Gesichtspunkten, von denen viele Menschen glauben, daß hier eine Verbesserung wünschenswert ist. Gewiß, wenn man anerkennt, daß die Lehre in einer erheblichen Anzahl von Gesichtspunkten wirklich gut ist, ist die Erkenntnis, daß es noch Dinge zur Verbesserung gibt, kein unüberwindliches Problem. Auch bei diesem Schritt gilt wieder, daß Verbesserung an sich schon wichtig ist, daß es aber viel wichtiger ist, daß immer mehr Menschen bereit sind, an der Optimierung ihrer Lehre systematisch mitzuarbeiten. Jede Initiative eines Dozenten oder Fachbereiches muß deshalb kritisch und konstruktiv erörtert werden.

Die Beachtung der Qualität der Lehre darf nicht allein von der Hochschule kommen. Auch die Studierenden sollen »kritische Konsumenten« werden. Qualitätssorge, die gut funktioniert, bedeutet nicht, daß die Studierenden allein nur dann reagieren, wenn sie etwas gefragt werden. Von ihnen wird verlangt, konstruktiv dazu beizutragen, daß die Lehre ihren Ansprüchen genügt. Tragen Sie deshalb Sorge, daß sich auch die Studierenden für die Optimierung der Lehrqualität zuständig fühlen. Dabei können die Vorschläge von der Anpassung des Lehrangebots bis zu Ideen für den guten Verlauf einer geplanten Lehrveranstaltung reichen. Hierbei darf man aber nicht allein nur daran denken, was Dozenten oder Fachbereiche besser machen können, sondern auch daran, was die Studierenden tun können. Denken Sie z.B. nur einmal an die Verminderung der Unruhe während vielbesuchter Vorlesungen oder daran, daß die Vorbereitungen, die für bestimmte Arbeitsgruppen oder Praktika nötig sind, auch tatsächlich stattfindet etc. Gewiß, für diese Dinge ist das Engagement der Studierenden eine Notwendigkeit.

TIPS FÜR DIE FORTSETZUNG DER DISKUSSION ÜBER DIE QUALITÄTSSORGE

- Verlangen Sie von der Hochschule die Einrichtung einer ständigen Kommission für Qualitätssorge und die Beteiligung von studentischen Vertretern.
- Sorgen Sie dafür, daß Vorhaben und Beschlüsse schriftlich niedergelegt werden, so daß Sie Erfahrungen an die folgende Studentengeneration weitergeben können.
- Registrieren Sie in der Kommission, was in der Qualitätssorge geschieht und inwiefern die Qualitätssorge vom Fachbereich akzeptiert wird.
- Achten Sie darauf, daß Vorschläge für die Qualitätssorge formuliert werden und zur Diskussion gestellt werden.
- Achten Sie darauf, daß mit der Durchführung der Vorschläge ein kleiner Anfang gemacht wird.
- Ermutigen Sie Studierende, daß sie ihre eigene Rolle bei der Optimierung der Lehre ernstnehmen. Das gilt auch für die Sorge, daß Studierende die Aufgaben ausführen, die von ihnen erwartet werden dürfen.

4.2 Der Einsatz der diagnostischen Instrumente

Diagnostische Instrumente verwendet man, wenn man Engpässe festgestellt hat, deren Ursachen aber noch nicht ganz offensichtlich sind. Wenn Studierende dieses Verfahren selber anwenden, wird auch vielfach von

Unzufriedenheit die Rede sein, wie der Fachbereich mit beobachteten Engpässen umgeht. Wenn ein Fachbereich doch selbst evaluiert und dabei den Problemstellungen genügend Rechnung trägt, die für die Studierenden von Wichtigkeit sind, ist es nicht nötig, daß die Studierenden diese selber gründlich evaluieren. Um im Evaluationsverfahren zu konkreten Verbesserungen zu kommen, können wir vier Schritte unterscheiden:

- Besprechung von Evaluationsergebnissen
- Beschlußfassung in bezug auf die Engpässe, die beseitigt werden müssen
- Ergreifung von Maßnahmen zur Behebung der Engpässe
- Kontrolle darüber, ob die beabsichtigte Verbesserung verwirklicht wird.

Was ist in erster Linie mit den Resultaten der diagnostischen Instrumente zu tun?

Besprechung

Grundlegend ist, daß die Evaluationsdaten ernsthaft im Hinblick auf die Möglichkeiten, Verbesserungen in der Lehre einzuführen, betrachtet werden müssen. Zunächst sollten diese also besprochen und dann die sich daraus ergebenden Engpässe in einem Beschluß gekennzeichnet werden. Der Fall »Datenschutz« ist in diesem Zusammenhang illustrativ: Die Evaluation ist zwar durchgeführt, aber die Resultate werden nicht diskutiert, weshalb sich auch nichts an der Lehre verändert. Die Vorschläge, die im folgenden gemacht werden, sollen solche Situationen vermeiden.

Nachbesprechung der Evaluationsergebnisse mit den Dozenten

Wenn es um eine Evaluation für eine bestimmte Veranstaltung oder ein bestimmtes Fach geht, ist es gewiß empfehlenswert, die Ergebnisse mit den betroffenen Dozenten nachzubesprechen. Dabei ergibt sich die Möglichkeit, die qualitativen Daten noch besser zu verstehen. Der Dozent erhält die Chance, seine Einschätzung zur Situation abzugeben. Das braucht natürlich nicht im Plenum zu geschehen. Eine gute Möglichkeit hierfür ist die Bildung einer studentischen *feedback*-Gruppe, die mit dem Dozenten oder Fachbereichsleiter regelmäßig die Evaluationsergebnisse bespricht. In einer solchen Gruppe können dann weitere Erklärungen zu den Evaluationsresultaten gegeben und Vorschläge von Studierenden und Dozenten/Fachbereichsleitern besprochen werden. Die Hochschule kann dann auch deutlich machen, was sie vom Beitrag der Studierenden in der Lehre hält. Nicht zuletzt können bei dieser Unterhaltung auch Verbesserungen abgesprochen werden. Ein besonderer Vorteil einer solchen *feedback*-Gruppe ist, daß auch laufende Angelegenheiten schnell auf ihre positiven und negativen Seiten hin untersucht werden können. Auf diese Weise sind kleine Anpassungen im laufenden Lehrprogramm möglich. So merken auch die Studierenden sofort, daß ihr Beitrag Wirkungen zeitigt. Selbstverständlich sollten diese Absprachen auch anderen Studierenden bekannt gemacht werden, denn sonst verkommt das Engagement zu einer Angelegenheit einer kleinen ausgewählten Gruppe. Eine zweite Möglichkeit, daß Engagement zu verbreitern, ist die regelmäßige Neubesetzung der *feedback*-Gruppe.

Besprechung in formellen Beratungs- und Beschlußgremien

Um dafür zu sorgen, daß von Studierenden wahrgenommene Engpässe auch wirklich in den Beratungen und der Beschlußfassung berücksichtigt werden, müssen diese Angelegenheiten in den wichtigen Beratungsgremien vorgetragen werden. Tut man das nicht, kommt man häufig zu spät, weil die Beratungen bereits in ein anderes Stadium getreten sind. Das Rückgängigmachen von Beschlüssen kostet wesentlich mehr Anstrengung als deren Anpassung in der Vorbereitungsphase. Nun erscheint es vielleicht als ziemlich zeitraubende Beschäftigung, die relevanten Beratungs- und Beschlußfassungsgremien aufzuspüren, um dort die Wünsche und erlebten Engpässe einzubringen. Es ist aber zu bedenken, daß dies gewöhnlich nur einmal erforderlich ist. Die Beschlußfassungsverfahren laufen meistens ähnlich ab. Sobald man aber weiß, wo wirklich beraten und entschieden wird, sollte man versuchen, einen ständigen Vertreter in ein solches Gremium wählen zu lassen. Das ist dann gleichzeitig die Chance, Wünsche und Engpaßsituationen zur Sprache zu bringen. Gewöhnlich sind die Aufgaben und Befugnisse von Kommissionen und Räten in der Hochschule in deren Verfassungen und Verordnungen, die eine Hochschule aufstellen muß, zu finden.

Bekanntmachung von spezifischen, regelmäßig wiederkehrenden Problemen

Die beiden oben beschriebenen Beteiligungsformen verfolgen die Absicht, über die Zusammenarbeit mit dem Fachbereich und den Dozenten zu Ergebnissen zu kommen. Aus dem Blickwinkel der Effektivität verdient diese Art der Partizipation den Vorzug. Demgegenüber führt äußerer Druck sicherlich nicht immer zum gewünschten Ergebnis, auch wenn damit nicht gesagt sein soll, daß Druck unter allen Umständen verwerflich ist. Denn häufig ist es die einzige Weise, um Aufmerksamkeit für bestimmte Probleme und deren Lösungen zu bekommen. In diesem Fall wäre einmal zu überlegen, ein Weißbuch über zwar beabsichtigte, aber nicht verwirklichte Beschlüsse oder über die Engpässe, die zwar angepackt, aber immer noch nicht beseitigt worden sind, zu veröffentlichen. Die interne Veröffentlichung im Fachbereich oder in der Fakultät könnte dann das gewünschte Resultat hervorbringen. Wenn dies nicht der Fall sein sollte, kann überlegt werden, ob eine Veröffentlichung in einer Hochschulzeitung zweckmäßig ist. Auf diese Weise kann auf aktuelle Mißstände breiter und auf einer höheren Ebene aufmerksam gemacht werden.

Veranstaltungsboykott

Die Veröffentlichung von immer wiederkehrenden Problemen kann als ein Druckmittel wirken, um beim Fachbereich Gehör zu finden. Ein Veranstaltungsboykott wird diesen Effekt verstärken. Dabei weigern sich die Studierenden, den Veranstaltungen zu folgen, weil sie derart starke Probleme in der Lehre identifizieren, daß dadurch ihr Lernfortschritt ernsthaft gefährdet ist. Nun hat ein Veranstaltungsboykott allerdings wenig Sinn, wenn er nicht massenhaft befolgt wird. Daher muß man vorher dafür sorgen, daß nahezu alle Studierenden, die es angeht, bereit sind, mitzumachen. Außerdem muß die Situation ernst genug sein, z.B. wenn sich ein Fachbereich oder ein bestimmter Dozent weigert, über die Engpässe zu sprechen. Selbstverständlich ist auch hier wieder die Bekanntmachung von Wichtigkeit. Ein Boykott, von dem nur die Betroffenen etwas wissen, ist wahrscheinlich weniger effektiv als einer, über den in der Presse berichtet wird. Kein einziger Dozent oder Fachbereich will negativ in der Öffentlichkeit dargestellt werden. Verdeutlichen Sie genau, welche Probleme es gibt und was alles bereits unternommen worden ist, um sie zur Sprache zu bringen. Die andere Seite der Medaille ist, daß man das Mittel des Boykotts nicht zu häufig anwenden kann. Erstens verliert es unter dem Publizitätsgesichtspunkt seine Wirkung; zweitens steht man in der Gefahr, unglaubwürdig zu werden. Als letztes Rettungsmittel, das jedoch alle halbe Jahre angewandt wird, wird es kaum mehr als solches angesehen werden können.

TIPS FÜR DEN UMGANG MIT DIAGNOSTISCHEN INFORMATIONEN

Nachbesprechung

- Versuchen Sie, daß eine regelmäßige Unterredung zwischen Dozenten und *feedback*-Gruppen von Studierenden über Lehre und Evaluationsresultate stattfindet.
- In dieser Unterredung müssen möglichst konkrete Absprachen über die Aspekte, die verbessert werden müssen, getroffen werden.
- Sorgen Sie dafür, daß die Absprachen unter allen Studierenden bekannt gemacht werden.

Besprechungen in Beratungs- und Beschlußgremien

- Informieren Sie sich gut, wie in Ihrer Hochschule die Entscheidungsverfahren ablaufen.
- Aufgaben und Befugnisse einer Hochschulkommission sind gewöhnlich in den Hochschulverfassungen zu finden.
- Lenken Sie Ihre Energie allein auf die Instanzen und Personen, die wirklich auf die Beschlußfassung Einfluß ausüben können.
- Sorgen Sie dafür, daß Sie in den wichtigsten Beratungsgremien beteiligt sind. Dort ist die Angelegenheit meistens schon so vorbereitet, daß ein Rückgängigmachen des beabsichtigten Beschlusses kaum noch möglich ist.
- Achten Sie darauf, daß Evaluationsberichte und Engpaßanalysen auch wirklich besprochen werden.

Öffentlichkeit

- Legen Sie ein Weißbuch über die beabsichtigten, aber nicht verwirklichten Beschlüsse oder die stets wiederkehrenden Engpässe an.
- Veröffentlichen Sie das Weißbuch intern im Fachbereich.
- Veröffentlichen Sie das Weißbuch in der Hochschulzeitung, wenn die interne Veröffentlichung nicht hilft.

Veranstaltungsboykott

- Schreiten Sie im äußersten Fall zum Veranstaltungsboykott.
- Führen Sie einen Veranstaltungsboykott nur aus, wenn er massenhaft befolgt wird.
- Sorgen Sie für genügend Öffentlichkeit.
- Verdeutlichen Sie, wo die Probleme liegen und was versucht worden ist, um sie anzusprechen.

Worauf ist bei diesen Aktionen zu achten?

Bei der Wahl und Gestaltung der obengenannten Folgeaktionen muß man eine Reihe von Gesichtspunkten berücksichtigen.

Sorgen Sie dafür, daß Ihre Evaluationsaktivitäten bekannt werden. Auf diese Weise kann die Evaluation schon für sich allein die Bereitschaft fördern, die Dinge konkret zu verbessern.

Zunächst ist es gut, wenn Sie sich bewußt sind, daß die Aktion selbst schon eine sichere Bereitschaft bei Dozenten und Fachbereichen bewerkstelligen kann, um ernsthaft nach Verbesserungen zu suchen. Wenn Studierende öffentlich wahrnehmbar mit der Evaluation der Lehre beschäftigt sind, stellt das einen zusätzlichen Anreiz dar, die Lehre so gut wie möglich zu präsentieren. Die Präsenz von Evaluation und Folgeaktionen ist darum sehr wichtig.

Außerdem ist für Dozenten oder Fachbereiche die Sicherheit eine wichtige Bedingung, um an Veränderungen mitzuwirken. Setzen Sie Evaluationen darum immer konstruktiv ein. Häufig ist es nicht so schwer anzugeben, was in der Lehre nichts taugt. Wenn es aber mit zuviel Nachdruck geschieht, führt das eher zu defensiven Reaktionen als zu Kooperation. Letztere ist jedoch wichtig, weil Fachbereiche und Dozenten immer werden mitarbeiten müssen, um die Engpässe zu beheben.

Lassen Sie sich nicht zu breiten Diskussionen über die Planung der Evaluation und den Wert der Resultate verleiten.

Im Zusammenhang mit den Evaluationen wird häufig nicht über die festgestellten Engpässe, sondern über die Planung und den Wert der Resultate diskutiert. Nun ist es ganz logisch, daß die vorgeschlagenen Veränderungen gut untermauert sein müssen. Denn im allgemeinen gilt: je einschneidender die vorgeschlagenen Veränderungen, desto besser müssen sie begründet sein. Es wäre jedenfalls verrückt, viel Zeit und Energie in Aktivitäten zu stecken, wenn fraglich ist, ob sie tatsächlich zu einer Verbesserung der Situation führen werden. Im Fallbeispiel »Blinder Aktionismus« werden zwar Beschlüsse gefaßt, um die Lehre zu verändern, aber die Basis, auf der das geschieht, ist außerordentlich mager. Deshalb führen die vorgesehenen Veränderungen nicht zu tatsächlichen Verbesserungen.

Hiermit wollen wir gewiß nicht dafür argumentieren, daß große Diskussionen über die Evaluation selbst und den Wert ihrer Resultate eine gute Sache wären. Im Gegenteil, lassen Sie sich nicht zu Diskussionen über die Zuverlässigkeit der Resultate verleiten. Denn bei jeder Evaluation gibt es wohl etwas zu verbessern. Schon allein die Tatsache, daß die Studierenden nicht mit der Lehre, die ihnen geboten wird, zufrieden sind, ist ein ausreichender Grund, um ernsthaft darüber zu diskutieren, ob Verbesserungen möglich sind. Um zu beschließen, welche umgesetzt werden müssen, sind allerdings solide Daten nötig. Eine bloß vage

Unzufriedenheit bei einem Teil der Studierenden ist dafür gewiß nicht ausreichend.

Wenn Sie Vorschläge für Verbesserungen machen, ist es wünschenswert, daß die Studierenden einer Meinung sind. Zu viele verschiedene Vorschläge erhöhen die Gefahr, daß nichts geschieht.

Wenn bekannt wird, daß es Engpässe gibt und daß Sie Ideen haben, wie sie ausgeräumt werden können, ist es wichtig, als Studierende möglichst von *einem* Punkt aus zu argumentieren. Die Chance, daß Ihre Vorschläge ernstgenommen werden, ist dann wesentlich größer. Wichtig ist, dafür zu sorgen, daß Sie von den Gegnern eventueller Veränderungen nicht gegeneinander ausgespielt werden. Das wäre jedoch möglich, wenn verschiedene Lösungen in den Gesprächen zur Sprache kommen und wenn man zu schnell zu Beschlüssen kommen will. In diesem Fall könnte keiner der Vorschläge eine Mehrheit finden und folglich bliebe alles beim Alten. Das Problem als solches wäre zwar erkannt, aber es gäbe keine vernünftige Lösung.

Vermeiden Sie, daß Veränderungen zu unerwünschten Situationen führen. Streben Sie außerdem realisierbare Veränderungen an.

Schließlich ist es wichtig, gründlich nach solchen Lösungen zu suchen, die man auch realisieren will. Einige Probleme können vielleicht unlösbar erscheinen, jedenfalls für den einzelnen Dozenten oder für einen Fachbereich, eine Fakultät; z.B., wenn die Finanzmittel, die vom Staat zur Verfügung gestellt werden, unzureichend sind, oder wenn ein Dozent, der keine gute Arbeit leistet, dennoch nicht ersetzbar ist, und wenn seine Vertretung nur zu einer Verschiebung des Problems führt, oder wenn die Schwierigkeiten eines bestimmten Faches diesem immanent sind. Es ist darum von Bedeutung zu untersuchen, ob eine vorgeschlagene Lösung wirklich greifen kann. Auch aus einem etwas anderen Gesichtswinkel ist es sinnvoll, nach anderen möglichen Lösungen Ausschau zu halten. Es wäre nicht das erste Mal, daß für eine Veränderung plädiert wird, die tatsächlich eine Veränderung aus früheren Jahren ablöst. Nehmen wir ein Beispiel: Auf Ersuchen der Studierenden ist irgendwann beschlossen worden, regelmäßig zu prüfen und nicht mehr nur am Ende des Semesters. Dadurch sollten die Studienbelastungen besser verteilt werden können und die Erfolgschancen steigen. Jahre später ergibt sich aus einer Evaluation, daß die Studierenden einem permanenten Druck in der Lehre dadurch ausgesetzt sind, daß fortwährend geprüft wird. Darum wird jetzt vorgeschlagen, die Prüfungen wieder am Ende des Semesters zu konzentrieren.

Abgesehen davon, daß damit früher beobachtete Probleme wiederkehren, wird die Neigung beim Fachbereich, die Vorschläge ernstzunehmen, sicher nicht größer werden. Sorgen Sie deshalb dafür, daß Sie darüber Bescheid wissen, welche Veränderungen in den vergangenen Jahren stattgefunden haben und welche Beweggründe es dafür gab.

Wie kann man langfristig zur Verwirklichung tatsächlicher Verbesserungen beitragen?

Das Gespräch über die Evaluationsresultate oder Engpässe ist der erste Schritt. Um zu konkreten Verbesserungen zu kommen, müssen aber auch noch andere Schritte (Beschlußfassung, Verbesserungsmaßnahmen, Erfolgskontrolle) getan werden.

Beschlußfassung

Sorgen Sie für einen klaren Beschluß

Der einfache Beschluß, daß ein bestimmtes Hindernis behoben werden muß, ist gewöhnlich unzureichend. Denn so bleiben zu viele Fragen offen, weil ganz unklar bleibt, ob sich jemand angesprochen fühlt, den Engpaß zu beseitigen. Wenn sich jedoch jemand bereits verantwortlich fühlt, ist oft nicht deutlich, unter welchen Bedingungen er/sie dieses Problem lösen soll und welchen Anforderungen die Lösungen genügen müssen. Ein guter Beschluß sollte immer eine Reihe von Elementen enthalten:

- Eine möglichst gute Beschreibung des Engpasses, der behoben werden soll. Besonders hilfreich ist es dabei anzugeben, für wen die bestehende Situation eine Behinderung darstellt. Eine Kennzeichnung wie: »Es wird zuwenig Studienberatung betrieben« kann viel präziser formuliert werden. Mindestens sollte beachtet werden, welche Folgen die mangelhafte Studienberatung hat (z.B. das Gefühl, daß man in der Ausbildung sich selbst überlassen bleibt) und ob dies für jeden ein Problem darstellt.
- Eine globale Beschreibung, nach der der betreffende Engpaß behoben werden kann. In jedem Fall muß angegeben werden, wer diesen konkret beheben soll.
- Es muß eine Liste von Anforderungen erstellt werden, denen die Lösungen genügen müssen. Wann kann festgestellt werden, daß die Behinderung behoben ist? Müssen alle Studierenden der Meinung sein, daß z.B. die Studienberatung ausreichend ist, oder wird die Lösung auch für akzeptabel gehalten, wenn mehr als die Hälfte der Studierenden die Beratung als ausreichend empfindet?

- Schließlich muß im Beschluß angegeben werden, unter welchen Bedingungen der Engpaß bearbeitet werden soll. Dabei muß an den Zeitraum gedacht werden (wann muß das Problem behoben sein?), den finanziellen Aufwand (wieviel wird die Lösung kosten, evt. angegeben in zu investierende manpower?), die Organisation (wer alles ist von der Lösung betroffen und was ist ihr Verhältnis untereinander? Z.B. Projektleiter, Projektmitarbeiter, Fachbereichsleitung) und die Information über die Fortschritte der Verbesserungsarbeit (wer berichtet wann an wen worüber?).

Ein Beschluß, der diese Elemente beinhaltet, ist hinreichend konkret für denjenigen, der ihn umsetzen muß. Außerdem kann gut kontrolliert werden, ob er zufriedenstellend umgesetzt wird. Nun erscheint eine solche Auflistung von Elementen ziemlich anspruchsvoll. Wenn es allerdings um Dinge geht, die ziemlich einfach zu beheben sind, ist deshalb eine solche Spezifität in den Beschlüssen nicht nötig. In diesem Fall muß der gefaßte Beschluß nur deutlich machen, daß auch die Lösung ziemlich einfach ist. Das bedeutet, daß bei der Ausgestaltung der genannten Elemente einfache Verfahren und Planungsweisen gewählt werden können.

Versuchen Sie dafür zu sorgen, daß ein Problem als solches von den Betroffenen erkannt wird.

Die Beschlüsse zu den Engpässen, die beseitigt werden müssen, führen nicht automatisch zu Verbesserungen (s. auch den Weißbuch-Fall). In den Hochschulen sind zwar die Leitung und die damit befaßten Beschlußgremien für die Qualität zu interessieren. Die Qualität der Arbeit wird aber vornehmlich durch die Arbeit der Lehrenden bestimmt. Der Einfluß der Leitung auf die Dozenten ist jedoch beschränkt. Soll sich nun aber etwas zum Guten verändern, dann ist die Akzeptanz des Problems bei den Lehrenden von großer Wichtigkeit. Nachdem in zuständigen Gremien festgestellt worden ist, welche Engpässe dringend eine Lösung erfordern, ist also im nächsten Schritt zu prüfen, ob alle Betroffenen der gleichen Meinung sind, daß diese Probleme tatsächlich existieren. Dabei muß bedacht werden, daß nicht jeder dieselben Interessen verfolgt. Denn die Beseitigung eines Engpasses für den einen kann die Entstehung eines Engpasses für den anderen bedeuten.

Verbesserungsmaßnahmen

Versuchen Sie herauszufinden, was der beanstandete Engpaß genau verursacht.

Wenn einmal allgemein festgestellt ist, welche Engpässe behoben werden müssen, ist der zweite Schritt zu tun. Die Wahrnehmung eines Hindernisses zeigt zugleich an, daß eine Veränderung herbeigeführt werden muß. Damit ist aber noch nicht erkannt, wie diese Veränderung aussehen soll. Denn ist das Engagement von denjenigen, die die Veränderung tragen sollen, bereits bei der Identifizierung von Problemen erforderlich, so ist dieses Engagement bei der Zielbestimmung für eine Verbesserung noch viel mehr gefordert.

Dieser Übergang von der Problemidentifizierung zur beabsichtigten Veränderung ist ein hochschulpolitisch bedeutsamer Vorgang. In diesem Verfahren geht es darum herauszufinden, worin das Problem hinter dem Problem besteht, um zu vermeiden, daß es beim Verbessern nur zu einer Symptombekämpfung kommt. Wenn z.B. festgestellt wird, daß die Studienergebnisse für ein bestimmtes Fach sehr schlecht sind, können Anpassungen in diesem Fach versucht oder der Dozent, der das Fach lehrt, ausgewechselt werden. Es kann aber auch der Fall eintreten, daß das Problem dadurch verursacht wird, daß in derselben Zeit gleichzeitig verschiedene Studienverpflichtungen von den Studierenden erfüllt werden müssen. In diesem Fall bringen die vorgeschlagenen Veränderungen nichts. Auch in dem Fallbeispiel »Blinder Aktionismus« wird das Studienprogramm verändert, ohne daß ausreichend über das Problem nachgedacht worden ist. Folglich ist die Veränderung eher eine Verschlechterung als eine Verbesserung der Lehre.

Machen Sie selbst Vorschläge für Verbesserungen und erklären Sie, warum damit das Problem gelöst werden kann.

Man muß als Studierende/Studierender bereit sein, an dem hochschulpolitischen Prozeß teilzunehmen. Allein an der Seite zu stehen und zu fordern, daß es anders werden muß, erhöht Ihre Glaubwürdigkeit nicht. Das bedeutet nicht, daß man an diesem Punkt die Aufgabe der Hochschule übernehmen muß, aber daß man sich aktiv an dem Prozeß beteiligt. Und zwar, indem der Verwaltungsapparat benutzt wird. Stellen Sie in Kommissionen und Räten Fragen zu dem, was man im Hinblick auf die festgestellten Probleme zu tun gedenkt. Wenn Lösungen vorgeschlagen werden, finden Sie heraus, ob es sich dabei um echte Lösungen handelt. Wie bereits früher gesagt, akzeptieren Sie nicht zu schnell, daß ein bestimmter Engpaß nicht zu beseitigen ist. Vielleicht ist zuerst eine allgemeinere hochschulpolitische Veränderung erforderlich; wenn das erkannt wird, ist man auf dem Weg zur Lösung häufig bereits ein ganzes Stück weiter.

Suchen Sie nach einflußreichen Mitstreitern und lassen Sie von diesen die gewünschten Verbesserungen vorstellen.

Eine zweite Möglichkeit ist, etwas stärker politisch zu operieren. In diesem Fall sollte man prüfen, ob es möglich ist, einflußreiche Mitstreiter in der Hochschule zu finden, die die gewünschten Verbesserungen vorstellen. Dann steigt die Chance für eine erhöhte Akzeptanz der Verbesserungen in der Hochschule erheblich.

Folgen Sie mit Ihren Vorschlägen dem vereinbarten hochschulpolitischen Kurs.

Es ist vernünftig, die Verbesserungsvorschläge mit dem vereinbarten hochschulpolitischen Kurs zu verknüpfen. Die Vorschläge, die dann gemacht werden, können viel leichter in einen Aktivitätenplan und damit als Teil der regulären Arbeit des Fachbereichs oder der Hochschule aufgenommen werden. In diesem Fall ist die Chance auch viel größer, daß die Bedingungen geschaffen werden, um die gewünschten Veränderungen tatsächlich umsetzen zu können. Bestehen diese Voraussetzungen aber nicht, dann ist die Gefahr sehr groß, daß nach einiger Zeit festgestellt werden muß, daß zwar rühmliche Versuche unternommen worden sind, um das Problem zu lösen, daß es aber aus Mangel an Möglichkeiten doch nicht gelungen ist.

Erfolgskontrolle

Registrieren Sie, welche Beschlüsse gefaßt wurden und inwiefern sie realisiert worden sind.

In diesem Abschnitt wurde bereits auf bedenkenswerte Gesichtspunkte bei der Beschlußfassung über die Engpässe, die beseitigt werden sollten, und die Richtung, die die Umsetzung nehmen sollte, eingegangen. In Hochschulen – und nicht allein dort – ist es nicht ungewöhnlich, wenn bereits mit dem Beschluß die Arbeit als erledigt betrachtet wird. Die Verantwortlichen haben einen Beschluß gefaßt, und danach ist es die Aufgabe der Mitarbeiter, dafür Sorge zu tragen, daß der Beschluß auch ausgeführt wird. Diese Einstellung kann für die Verwirklichung der gewünschten Verbesserungen jedoch fatal sein. Dadurch, daß die Leitung ihre Aufmerksamkeit danach sofort auf andere Dinge richtet, kann ganz leicht der Eindruck entstehen, daß soviel Interesse an den beschlossenen Verbesserungen eigentlich nicht besteht. Die Haltung von »Die haben wieder etwas entschieden, aber wenn man etwas abwartet, geht es auch wieder vorüber« ist in solchen Situationen nicht unüblich. Vom Standpunkt desjenigen, der die Verbesserung umsetzen soll, ist eine derartige Haltung auch nicht so befremdlich. Er oder sie kann noch durch andere Dinge belastet sein, wodurch die beabsichtigte Verbesserung eine geringe Priorität erhält. Eine Einstellung, die noch verstärkt wird, wenn die beabsichtigte Verbesserung kaum direkt im Interesse der Beteiligten ist.

Darum ist es Aufgabe der Studierenden, die Verbesserungen, die von ihrem Standpunkt aus von Wichtigkeit sind, auf der Tagesordnung der Leitungsgremien zu halten. Dort sollte den Fortschritten bei den beabsichtigten Verbesserungen gleichmäßige Aufmerksamkeit geschenkt werden. Dabei ist auch wichtig, daß dieses Interesse anregend auf andere wirkt. Druck auszuüben, kann in manchen Fällen das gewünschte Resultat haben, jedoch ist die Gefahr größer, daß der gefällte Beschluß auf eine subtile Weise boykottiert wird. Dagegen helfen Anreize z.B. durch Hinweise auf erreichte Verbesserungen, wie klein auch immer, und auf denjenigen, der es geschafft hat, darauf das Rampenlicht zu lenken.

Lassen Sie den Fachbereich erklären, inwiefern die Verbesserungen verwirklicht sind.

Die Realisierung der beabsichtigten Veränderung ist weniger interessant als die Frage, ob diese Veränderung auch zu der gewünschten Verbesserung geführt hat. Anders gefragt: Ist die Behinderung, die ursprünglich festgestellt wurde, nun auch tatsächlich beseitigt? Nach einiger Zeit wird deshalb nicht allein untersucht werden müssen, ob die Veränderung, die beschlossen wurde, umgesetzt wurde, sondern auch, ob damit das Problem gelöst ist. Erst dann ist der Evaluationskreis geschlossen.

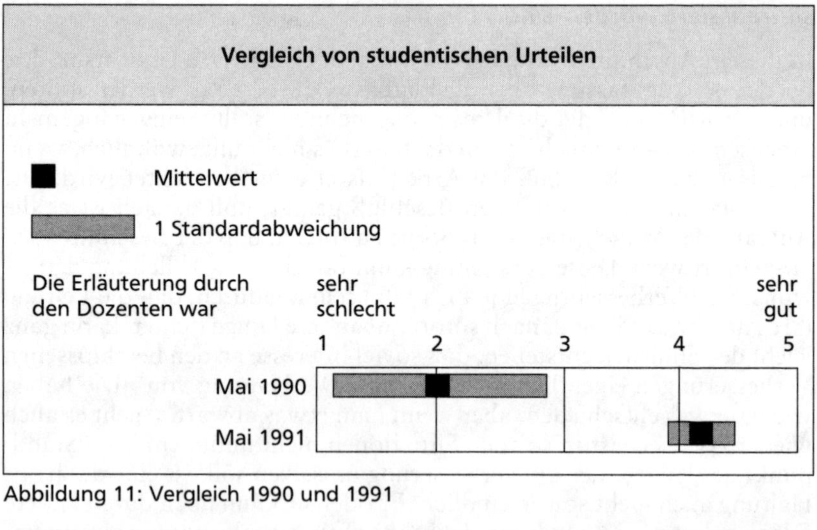

Abbildung 11: Vergleich 1990 und 1991

Ob bestimmte Veränderungen in der Lehre auch wirklich zu Verbesserungen geführt haben, ist häufig gut darstellbar. Dabei ist auch an einen Vergleich von Daten der Evaluation des vorausgegangenen Jahres mit denen nach der realisierten Veränderung zu denken (s. Abbildung 11): Sind die Studierenden zufriedener oder nicht; nimmt die Anzahl der erfolgreichen Studierenden zu; ist das Niveau der Lernergebnisse gestiegen; kommt man leichter zurecht beim Studienberater etc.?

Die permanente Aufmerksamkeit für die umgesetzten Maßnahmen und die daraus resultierenden Verbesserungen sind auch notwendig, um das Engagement der Studierenden an den Evaluationen und der Lehre aufrechtzuerhalten. Nichts ist jedenfalls frustrierender als feststellen zu müssen, daß alles beim Alten bleibt, obwohl doch bekannt ist, daß es ein evidentes Problem in der Lehre gibt. Das ist nachteilig für die Lehre und für die Lernergebnisse der Studierenden.

Errichten Sie ein Archiv über die verwirklichten Veränderungen.

Einige Verbesserungen verlangen einen langen Atem. Gelegentlich sogar einen so langen Atem, daß sich zwischenzeitlich die Zusammensetzung von Kommissionen, Verwaltungen und Räten verändert und die betroffenen Studierenden die Hochschule verlassen haben (Praktikumsverpflichtungen, Auslandsaufenthalte, Absolventen etc.). Sorgen Sie deshalb dafür, daß man nicht allzusehr vom Gedächtnis der mehr oder weniger »zufällig« anwesenden Studierenden oder amtierenden Verwaltungsleute abhängig ist. Das gilt auch für die Beurteilung der Effektivität der vorgeschlagenen Verbesserungen. Es kann sein, daß in der Vergangenheit bereits Versuche unternommen wurden, um einen bestimmten Engpaß anzupacken. Hieraus können Lehren für neue Versuche gezogen werden. Es ist darum nützlich, eine Art Archiv für die verschiedenen Beschlüsse und deren Verwirklichung einzurichten und zu unterhalten. Auf diese Weise kann man besser prüfen, ob Beschlüsse tatsächlich ausgeführt sind und ob sie zu den gewünschten Ergebnissen geführt haben.

TIPS ZUR FORTSETZUNG VON VERBESSERUNGSVERFAHREN

Beschlußfassung

- Sorgen Sie für einen klaren Beschluß, der mindestens folgende Aspekte umfaßt:
  - eine konkrete Problemformulierung,
  - eine globale Arbeitsweise,
  - Anforderungen, denen die Lösungen genügen müssen,
  - Bedingungen, wie Endtermin, Kosten, Organisation und Informationsbeschaffung.
- Versuchen Sie dafür zu sorgen, daß ein Problem als solches durch die Betroffenen erkannt wird.

Verbesserungsmaßnahmen

- Versuchen Sie festzustellen, was der bemängelte Engpaß genau verursacht.
- Machen Sie selbst Vorschläge für Verbesserungen und erklären Sie, warum damit das Problem gelöst werden kann.
- Suchen Sie nach einflußreichen Mitstreitern und lassen Sie diese die gewünschte Verbesserungen vorstellen.
- Knüpfen Sie mit Ihren Vorschlägen am akzeptierten hochschulpolitischen Kurs an.

Erfolgskontrolle

- Registrieren Sie, welche Beschlüsse gefaßt und inwiefern sie verwirklicht sind.
- Lassen Sie den Fachbereich erklären, inwieweit die Verbesserungen verwirklicht sind.
- Unterhalten Sie ein Archiv über die verwirklichten Veränderungen.

4.3. Der Einsatz der kontrollorientierten Methoden

Bei den kontrollorientierten Methoden geht es vor allen Dingen um die Bemühungen der Studierenden um die Qualitätssorge im Fachbereich, in der Fakultät oder in der Hochschule. Hier stellt sich die Frage: Wird bei der Qualitätssorge den Interessen der Studierenden genügend Rechnung getragen? Ob dies der Fall ist, kann aus ganz verschiedenen Arten von Informationen hervorgehen, entsprechend den Methoden, wie sie im Kapitel 3 skizziert sind.

- ▶ Stimmt das Bild, das der Fachbereich von sich selbst skizziert oder das über den Fachbereich skizziert wird mit dem Bild überein, das die Studierenden davon haben?
- ▶ Welcher Wert wird den erhobenen Evaluationsdaten zuerkannt? Werden Probleme bagatellisiert und wenn ja, aus welchen Gründen?

- Werden in den Evaluationen auch Indikatoren berücksichtigt, die für Studierende relevant sind oder geht es in den Evaluationen vor allem um Dinge, die aus dem Blickwinkel der Hochschule oder des Fachbereichs interessant sind? Vergleiche auch die Checkliste in Kapitel 1.

Was können nun Studierende tun, um ihre Interessen bei der Qualitätssorge zur Geltung zu bringen? Darüber ist natürlich auch bereits das Nötige in den vorausgehenden Abschnitten gesagt worden. In diesem Abschnitt beschreiben wir kurz nacheinander eine Reihe von spezifischen Aktionen. Wir gehen dabei auf direkte kurzfristige Aktionen ein, dazugehörende bedenkenswerte Gesichtspunkte und langfristige Aktivitäten, die stärker auf Kontinuität abzielen.

Was ist zuerst zu tun?

Wesentlich ist, daß kurzfristig keine Aktionen vom Fachbereich unternommen werden, die gegen die Interessen der Studierenden verstoßen. Das können Aktionen sein, die entweder für Studierende ungünstige Veränderungen mit sich bringen (s. »Blinder Aktionismus«) oder von ihnen gewünschte Veränderungen behindern (s. »Flaschenhals-Fach«).

Publikation von Hochschulevaluationen

Die effektivste Weise, um zu vermeiden, daß die Resultate unter den Teppich gekehrt werden, ist ihre Publikation. Es wird dadurch viel schwieriger, die erkannten Probleme zu bagatellisieren. Doch die Veröffentlichung ist so außergewöhnlich auch wieder nicht. Es ist guter Brauch, daß denjenigen, die die Information liefern, auch die Gesamtresultate vorgelegt werden. Selbstverständlich muß darauf geachtet werden, daß die Publikation keinen unnötig großen Schaden für Personen entstehen läßt, aber – dies eingedenk – ist die Veröffentlichung von Daten normal.

Evaluationsboykott

Wenn in der Evaluation des Fachbereichs die Gesichtspunkte, die für die Studierenden von Wichtigkeit sind, systematisch mißachtet werden, kann als äußerstes Mittel ein Evaluationsboykott erwogen werden. Ein solcher Boykott kann der Hochschule durchaus Schwierigkeiten bereiten, weil erwartet wird, daß mittels der Evaluationsdaten z.B. in den Lehrberichten öffentlich Rechenschaft abgelegt wird. Fehlen diese aber, wird zumindest erklärt werden müssen, warum die Daten nicht präsentiert werden können. Damit kann ein Boykott ein effektives Druckmittel sein, um in bezug auf die Evaluation eigene Wünsche durchzusetzen. Wichtig ist auch, daß bekannt wird, daß ein Boykott stattfindet und warum. Ein Boykott muß gut organisiert werden. Wenn bloß ein kleiner Teil der Studierenden mitmacht, ist der Effekt gleich null.

Niederländisches Beispiel: Mitwirkung der Studierenden bei der externen Qualitätsevaluation

In den Niederlanden verfaßt der Fachbereich in der Vorbereitung auf den Besuch einer externen Expertenkommission einen Lehrbericht. Dieser Bericht skizziert ein Bild von den Stärken und Schwächen der Ausbildungsgänge am Fachbereich. Wenn Studierende den Eindruck haben, daß das Bild in wichtigen Punkten nicht übereinstimmt mit dem Bild, das sie selbst vom Fachbereich haben, müssen sie den Kontakt mit der Expertenkommission suchen. Denn während ihres Besuches am Fachbereich ist immer genügend Zeit für die Beratungen mit den Studierenden vorgesehen. Dafür ist es wichtig, daß man einen möglichst gut dokumentierten Bericht vorlegen kann, in dem deutlich wird, was nach Meinung der Studierenden im skizzierten Bild des Lehrberichtes zutrifft und was nicht.

Im Bericht dieser Expertenkommission über den Besuch wird von den externen Sachverständigen die Arbeit des Fachbereichs unter die Lupe genommen. Dort werden meistens auch Empfehlungen zur Behebung von beobachteten Engpässen gegeben. Es ist darum vernünftig, wenn Studierende darauf achten, daß der Bericht und die Empfehlungen ernsthaft im Fachbereich besprochen werden. Das erfordert natürlich eine gute Vorbereitung. Die Studierenden müssen vor allen Dingen prüfen, welche Empfehlungen vom studentischen Standpunkt aus wichtig sind, und darauf achten, daß der Fachbereich zu diesen Punkten auch Beschlüsse faßt, mit denen Verbesserungen möglich sind. Wenn Studierende nicht in die Beratung und Beschlußfassung einbezogen sind, kann das trotzdem noch gut ausgehen, wenn sie die Empfehlungen der Expertenkommission vergleichen mit den Maßnahmen, die der Fachbereich beschließt. Deren Publikation in einer Hochschulzeitung hat häufig überraschend positive Wirkungen.

TIPS FÜR DEN UMGANG MIT KONTROLLORIENTIERTEN INFORMATIONEN

Veröffentlichung von Evaluationsresultaten

- Fordern Sie die Veröffentlichung der Evaluationsdaten.
- Publizieren Sie sie notfalls selbst.
- Sorgen Sie dafür, daß die Veröffentlichung keinen unvertretbar großen Schaden für Personen anrichtet.

Evaluationsboykott

- Sorgen Sie dafür, daß der Boykott ziemlich vollständig befolgt wird.
- Machen Sie deutlich, daß ein Boykott stattfindet und welchen Grund es dafür gibt.

Worauf ist bei diesen Aktionen zu achten?

Organisieren Sie sich in einer Studentenorganisation auf lokaler Ebene.

Viele der kontrollorientierten Aktionen erfordern ein großes Maß an Organisation. Ein Evaluationsboykott muß eigentlich umfassend sein; Sie müssen im Namen der Studierenden sprechen können. Es kostet häufig viel Mühe, um das immer wieder aufs Neue zu organisieren. Der Beitritt zu einer bestehenden studentischen Organisation, die auf lokalem Niveau schon existiert, hat deshalb große Vorteile.

Aktionen dürfen nicht im Widerstand stecken bleiben.

Direkte Aktionen haben meistens das Ziel, kurzfristig wachzurütteln. Sie müssen darum plausibel und vorzugsweise etwas spektakulär sein. Nur dann ist Widerstand ein klares Signal. Die Aktionen dürfen aber nicht so konfrontativ sein, daß damit die Zusammenarbeit langfristig unmöglich wird. Dann würden die Aktionen über ihr Ziel hinausschießen. Es ist jedenfalls nicht so sehr eine Frage von ja oder nein, sondern von so oder anders.

Machen Sie klar, daß Sie als Studierende/Studierender ein echtes Interesse an adäquater Qualitätssorge haben.

Ob es nun um bestimmte Indikatoren oder um bestimmte Maßnahmen geht, die die Studierenden in der Qualitätssorge berücksichtigt sehen wollen; es muß deutlich sein, daß es nicht um einen bestimmten Hobbyismus geht, sondern um wirkliches Interesse (s. Kapitel 1). In diesem Rahmen geht es vor allen Dingen darum, daß aus den Aktionen Engagement sprechen muß. Es handelt sich um deutliche Wünsche, die auch deutlich begründet werden.

Wie kann man langfristig Bemühungen um die Qualität fördern?

Die Kontinuität in den Bemühungen um die Qualität der Lehre spielt in einem mehr formellen Kreis eine Rolle wie keine andere: in den Evaluationskommissionen, den Gremien und den Fachbereichskommissionen etc. Obwohl diese Arbeit nicht sehr spektakulär ist, kann sie langfristig enorm effektiv sein. Ist Organisation bereits für kurzfristige Aktionen nötig, für eine effektive Kommissions- und Ratsarbeit ist es unentbehrlich, daß Sie bei Ihrer Tätigkeit von Ihren Mitstudenten unterstützt werden. Sie vertreten immerhin die Studierenden in einem solchen Gremium. Ein fortwährender Widerspruch der Meinungen zwischen den Studentenvertretern und ihrer Basis macht Ihre Position nicht gerade stärker.

Wichtig für den kontinuierlichen Beitrag in der Qualitätssorge eines Fachbereichs oder einer Hochschule ist die Möglichkeit, mitbestimmen zu können, welchen Aspekten in den Evaluationen Aufmerksamkeit geschenkt werden muß. Konkret, kann es dabei darum gehen, beim Aufstellen der Fragebögen an die Studierenden Einfluß auszuüben: Werden z.B. auch die Dinge gefragt, die aus der Sicht der Studierenden relevant sind? Die Beteiligung an einer Evaluationskommission ist dann notwendig. In der Kommission können Sie auch dafür plädieren, daß von Zeit zu Zeit die Evaluation selbst evaluiert wird. Sind die Studierenden der Meinung, daß sie ihre Meinung über die Lehre in den Fragebögen in ausreichendem Maße loswerden können? Gibt es Gesichtspunkte, die nicht speziell befragt werden oder die die Studierenden doch in ihr wertendes Urteil einbeziehen wollen? Auch diese Informationen sollen in einer Evaluationskommission nachdrücklich besprochen werden.

Auch wenn die Selbstevaluation nur periodisch stattfindet, ist es für Studierende wichtig, so früh wie möglich dabeizusein. Denn gewöhnlich wird zum Schreiben eines Lehrberichtes eine besondere Kommission eingerichtet. Sorgen Sie dafür, daß Sie in jedem Fall mit dabei sind. Organisieren Sie während der Arbeit dieser Kommission regelmäßige »hearings« mit der Basis. Damit können Sie die Studierenden darüber auf dem Laufenden halten, was während der Selbstevaluation geschieht; umgekehrt können Sie von dort Informationen bekommen, die wiederum in die Selbstevaluation eingebracht werden können.

Im vorigen Kapitel haben wir bereits gesehen, daß die Interpretation der Evaluationsergebnisse keine für sich selbst sprechende Angelegenheit ist. Gerade weil gute Qualität der Lehre ein direktes Interesse der Studierenden darstellt, ist es nützlich für Sie, sich stärker in diese Materie zu vertiefen und danach zu fragen, was die erhobenen Daten bedeuten; was die Ursache von ggf. vorhandenen Problemen ist; ob die Kritik normal ist oder nicht oder ob andere Lösungen möglich sind als diejenigen, die in Ihrem Fachbereich verwirklicht sind? Dafür ist es nötig, daß Sie sich – in gewissem Maße – in die Literatur vertiefen. Gewiß, es ist keine einfache Sache, sich neben dem Studium damit zu beschäftigen, aber es ist in jedem Fall der Mühe wert. Ihrem eigenem Studium und dem Ihrer Kommilitonen ist mit guter Lehre sehr geholfen. Nutzen Sie zu diesem Zwecke auch landesweite und lokale Studentenorganisationen. Denn die sind dafür besser ausgerüstet und haben die Möglichkeit, die Informationen, die verfügbar sind, fortlaufend up-to-date zu halten.

Schließlich, alles was wir in den vorigen Abschnitten über die Arbeit in Kommissionen und Räten gesagt haben, gilt auch hier. Wir wollen das nicht wiederholen, sondern verweisen dafür – vor allem auf Abschnitt 4.1.

TIPS FÜR KONTINUIERLICHE BEMÜHUNGEN UM QUALITÄTSSORGE

- Beteiligen Sie sich an Kommissionen und Räten.
- Evaluieren Sie von Zeit zu Zeit die Evaluationsverfahren selbst. Auch für die Evaluationen gilt, daß sie nicht zeitlos sind.
- Versuchen Sie, in der Kommission einen Beitrag zu leisten, die den Selbstevaluationsbericht für den Fachbereich schreibt. Beraten Sie sich dabei regelmäßig mit Ihrer Studentengruppe.
- Lassen Sie sich bei der Interpretation von Evaluationsdaten nicht »überfahren«. Sorgen Sie dafür, daß Sie über die Möglichkeiten und Schwierigkeiten im Hochschulwesen auf der Höhe der Literatur sind. Die bestehenden Studentenorganisationen können dabei von großem Nutzen sein.

Kontinuierliche Bemühungen um die Qualität der Lehre sind für alle Betroffenen wichtig. Für die Regierung, um sicher zu gehen, daß die Mittel optimal verwendet werden; für die Hochschulen, weil sie als professionelle Organisationen hochwertige Dienstleistungen anbieten wollen und für die Studierenden, weil die Lehre direkt Einfluß auf ihre Studienresultate und -belastung hat.

Die Regierung hat den ersten Anlauf genommen und dringt nun auf die Wahrnehmung der Verantwortung der Hochschulen der Gesellschaft gegenüber. Die Hochschulen haben daraufhin mit der Entwicklung von Systemen der internen Qualitätssorge reagiert. Die Studierenden sind bereits lange an guter Lehre interessiert, ihr Engagement war aber bisher häufig nur zufällig.

Mit diesem Leitfaden hoffen wir, einen Beitrag zur Beteiligung der Studierenden an der Qualitätssorge geleistet zu haben, der mehr Chance auf Kontinuität hat und nicht im Evaluieren stecken bleibt, sondern sich auf die Verbesserung richtet, die notwendig ist.

Über die Autoren

Dr. J. Willems studierte Psychologie an der Katholischen Universität Nijmegen (KUN). Seit 1973 arbeitet er im IOWO, *Instiuut voor onderwijskundige dienstverlening* der KUN, und ist gegenwärtig Direktor des Instituts. Er ist beteiligt an Beratungs- und Forschungsprojekten auf dem Gebiet der Qualitätssorge im Hochschulwesen und auf dem Gebiet von Lehr- und Lernprozessen. Auf diesem Gebiet hat er 1987 auch seine Dissertation mit dem Thema »Studienaufgaben als Unterrichtsmittel« vorgelegt.

Dr. W.H. Gijselaers studierte interdisziplinäre Pädagogik an der Katholischen Universität Nijmegen mit dem Spezialgebiet Methoden und Techniken pädagogischer Forschung. Er arbeitet seit 1982 – und seit 1992 als *Universitaire Hoofddocent* – in der Fachgruppe Lehrentwicklung und -forschung an der Reichsuniversität Limburg. Er beschäftigt sich vor allen Dingen mit Lehrevaluation und problemorientierter Lehre. 1988 publizierte er seine Doktorarbeit mit dem Thema »Messung der Qualität von Lehre«

Drs. D. de Bie ist selbständiger pädagogischer Berater, Trainer und Publizist. Er ist als externer Berater beteiligt bei Entwicklungsprojekten an verschiedenen Hochschulen. Gegenwärtig bietet er Veranstaltungen für Dozenten und Ausbilder auf dem Gebiet von Didaktik und Ausbildung an. Er ist u.a. Redakteur beim *HBO-Journaal* und des Handbuchs »Personalpolitik in der Schule«.

Dr. R. Richter studierte Germanistik und Geschichte an der Freien Universität Berlin und der Ruhr-Universität Bochum. Seit 1979 ist er Wissenschaftlicher Referent beim Wissenschaftlichen Sekretariat für die Studienreform im Land Nordrhein-Westfalen in Bochum. In den letzten Jahren erschienen von ihm u.a. Aufsätze zur Entwicklung und Struktur des niederländischen Hochschulwesens, insbesondere des niederländischen Systems der Evaluation der Qualität der Lehre.